RICHARD BACH es escritor y aviador. Ex piloto de combate de las Fuerzas Áreas de Estados Unidos, continúa volando en aviones de su propiedad. Durante las últimas tres décadas se ha dedicado a escribir artículos y cuentos para revistas de aviación, además de otros libros, entre ellos *Un puente hacia el infinito*, *Ilusiones*, *El don de volar*, *Alas para vivir* y *Nada es azar*. Su último libro, *Vuela conmigo* (publicado por Vergara en 2009) ha tenido una calurosa acogida.

Juan Salvador Gaviota, su obra más célebre, fue traducida a más de treinta idiomas, lleva vendidos más de treinta millones de ejemplares, ha sido llevada al cine y ha inspirado obras musicales.

«Un relato de gran belleza, narrado con maestría.»

The New York Times Book Review

«Richard Bach es un hombre extraordinario, que transita caminos no convencionales para conocerse a sí mismo y al mundo.»

Time

«Aunque explora el mismo territorio que *The Secret (El secreto)*, el nuevo libro de Richard Bach es mucho más valioso. Plantea cuestiones provocativas, y logra un equilibrio perfecto al dar respuestas sin sugerir que sean las únicas posibles.»

Publishers Weekly, sobre *Vuela conmigo*

ZETA

Ajeno a la tierra

RICHARD BACH

ZETA

Título original: *Stranger to the ground*
Traducción: Andrés Vergara
 1.ª edición: octubre de 2010

© 1983 Alternate Futures Inc. PSP 1976, 1999
© Ediciones B, S. A., 2010
  para el sello Zeta Bolsillo
  Consejo de Ciento 425-427 - 08009 Barcelona (España)
  www.edicionesb.com

Printed in Spain
ISBN: 978-84-9872-437-0
Depósito legal: B. 31.646-2010

Impreso por LIBERDÚPLEX, S.L.U.
Ctra. BV 2249 Km 7,4 Polígono Torrentfondo
08791 - Sant Llorenç d'Hortons (Barcelona)

A Don Slack.
Y a una montaña en el centro de Francia
que se eleva hasta los 6.188 pies
sobre el nivel del mar.

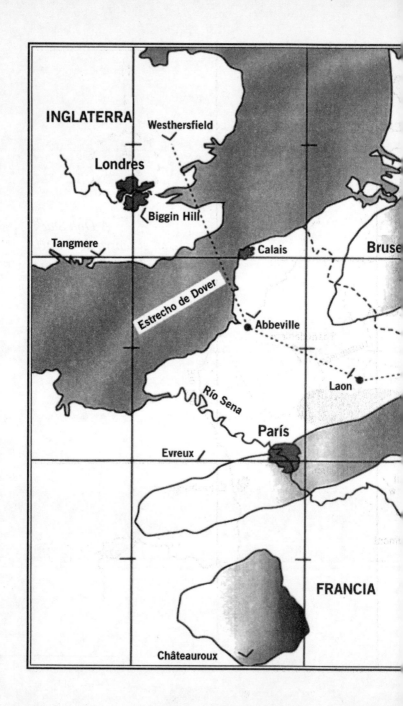

N

LANDA

GICA

LUXEMBURGO

Spangdahlem

Wiesbaden

ALEMANIA
FEDERAL

Río Rin

ille
in

ul

Phalsbourg

Estrasburgo

mont

| Aeropuertos | Pueblo | Ciudad | Áreas de tormentas previstas |

Introducción

Ajeno a la tierra es, en el fondo, un viaje al interior del carácter de un hombre cuyo gran desafío es medirse a sí mismo frente a las tormentas, la noche y el temor.

Superficialmente, es el relato de la extraordinaria misión de un joven piloto que recurre a toda su destreza para superar un duelo solitario contra la muerte. Sin embargo, entre líneas emerge el retrato del aviador como una raza que trata de proyectarse al exterior, pero, aún con mayor fuerza e importancia, interiormente.

¡Este libro antes de ser escrito tuvo que ser volado!

Quienquiera que lo lea se encontrará encerrado en una cabina con Dick Bach, no sólo durante un vuelo sino durante miles de horas anteriores en las cuales la destreza profesional tuvo que pulirse para combatir la competencia, llegando a la madurez de una filosofía de la vida.

Muy pocas veces se llama la atención sobre el hecho (y éste puede ser un momento tan bueno como cualquier otro para señalarlo) de que, para llegar a volar, el hombre ha tenido que recurrir a lo más profundo de su corazón y de su mente. En un grado mucho mayor que en cualquier otra experiencia anterior no existe nada en la naturaleza física del hombre que lo prepare para volar. Innumerables generaciones han enraizado los instintos humanos a los hábitos limitados por la tierra.

Todo aquello que pertenece al vuelo ha tenido que ser inventado... El avión, los instrumentos, los motores, los sistemas de conducción, las comunicaciones, los aeropuertos... todo. Y más aún, el hombre ha debido transformar millares de descubrimientos científicos en compromisos prácticos que puedan ser trabajados, dejándose llevar en un proceso de experimentos sin precedentes.

Cuando contemplo todo esto después de una vida en íntima relación con ello, me maravillo más por la profundidad de los recursos espirituales e intelectuales del hombre que por las altitudes o velocidades de sus vuelos.

Nuestro triunfo moderno de intentar alcanzar las estrellas es tanto una proyección del espíritu humano como una apertura en el campo de las ciencias. La ciencia es el servidor. El espíritu es el amo.

Éste es el mensaje de *Ajeno a la tierra*, que brilla a través del amor de un piloto por su avión, de la dedicación de un oficial hacia su patria, de la determinación de un hombre joven de pagar su deuda de libertad en el combate contra las tormentas, la noche y el temor.

GILL ROBB WILSON

1

Esta noche, por la pista dos ocho, el viento sopla del Oeste. Impulsa suavemente mi bufanda y hace que las hebillas de acero del arnés de mi paracaídas tintineen en la oscuridad. Es un viento frío, y debido a ello mi carrera de despegue será más corta de lo habitual y mi avión ascenderá con mayor rapidez de lo acostumbrado cuando se eleve en el aire.

Dos miembros de la tripulación de tierra se esfuerzan por levantar un grueso paquete envuelto en lona, con documentos de Alto Secreto, para cargarlo en el morro del avión. Cabe con dificultad en el espacio que normalmente va ocupado por cajas de municiones distribuidas ordenadamente sobre cuatro ametralladoras negras bien engrasadas y un poco más adelante del botón de suelta de las bombas. Esta noche no soy un piloto de guerra. Soy un correo para transportar 17,5 kg de papel que de pronto han cobrado gran importancia para mi comandante. Y, a pesar de que esta noche el tiempo sobre Europa ya se presenta caprichoso y violento, se me ha pedido que traslade estos documentos desde Inglaterra al corazón de Francia.

A la luz brillante de mi linterna, la Hoja n.º 1 del libro del avión, con sus recuadros sombreados e iniciales escritas a lápiz, me dice que el avión está preparado y que sólo faltan algunos detalles menores que ya conozco: una abolladura en uno de los depósitos eyectables, la antena del radiocompás sin revisar, el sistema ATO* desconectado. Es difícil volver las páginas del libro del avión con los guantes puestos, pero el viento frío me ayuda en esta tarea.

Una vez firmada la Hoja n.º 1 y cerrada la compuerta sobre el misterioso paquete de lona, trepo por la escalerilla amarilla hacia la oscuridad de mi cabina, como un alpinista con grandes botas que se impulsa hasta la cumbre y en cuyas nieves podrá ponerse de pie y observar el mundo desde arriba. La cima sobre la que yo estoy es la pequeña cabina de un Republic F-84F Thunderstreak.

El cinturón de seguridad del asiento eyectable con brazos amarillos es de un nailon ancho, pesado y de color oliva pardusco; en su hebilla encaja el arnés de nailon que baja desde mis hombros hasta la anilla de acero ambarino que abrirá automáticamente el paracaídas si tengo que lanzarme fuera esta noche. Quedo rodeado de esos ruidos universales, apagados, metálicos, que un piloto escucha al adaptarse a su avión. Después de la acostumbrada dificultad, las dos correas del equi-

* Al final del libro se encuentra un glosario de términos técnicos.

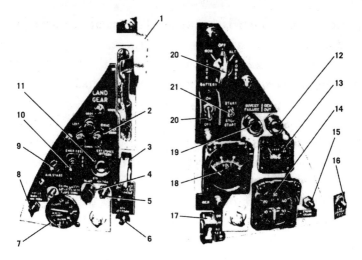

Paneles auxiliares de instrumentos

1. Palanca del selector de tren de aterrizaje
2. Luces de indicación de posición del tren de aterrizaje
3. Palanca de emergencia del tren de aterrizaje
4. Luz indicadora de estado del ATO
5. Botón de encendido del ATO
6. Botón de expulsión del ATO
7. Indicador de posición de los flaps
8. Botón de comprobación del tren de aterrizaje
9. Conmutador del aire
10. Interruptor del combustible de emergencia
11. Botón de eyección de los depósitos exteriores de combustible
12. Luz indicadora de fallo del generador
13. Medidor de la intensidad de salida del generador de corriente
14. Altímetro de cabina
15. Conmutador de engranaje del motor
16. Interruptor de comprobación del rotor del motor
17. Conmutador del generador
18. Voltímetro
19. Luz de advertencia de fallos en el invertidor
20. Conmutador de la batería
21. Interruptor de puesta en marcha
22. Conmutador de potencia de los instrumentos

po de supervivencia que va en el cojín del asiento quedan atrapadas suavemente en el arnés de mi paracaídas. La máscara de oxígeno, de color verde, encaja en su manguera de regulación con un chasquido sordo.

El mosquetón del anillo-D emite un sonido metálico al unirse con la barra curva de la manilla de apertura del paracaídas. La pinza de seguridad del asiento eyectable, de un rojo brillante, destaca en su agujero ubicado en la base del brazo derecho y en la oscuridad susurra al penetrar en el pequeño bolsillo de la pierna de mi ajustado traje-G. La correa elástica del piernógrafo de aluminio se aprieta contra mi muslo, cerrándose con un ruido hueco. Mi casco duro de fibra de vidrio, con su visor oscuro y letras doradas que dicen TEN. BACH, encaja firmemente contra mi cabeza, y los auriculares de goma suave y esponjosa tardan largos momentos en entibiarse contra mis orejas. La correa de ante que aprieta mi barbilla se abrocha al lado izquierdo. El cable del micrófono se conecta con su particular y frío chasquido metálico al equipo de radio de la nave. Y, finalmente, la máscara de oxígeno de goma color verde se aprieta contra mi nariz y boca, ajustándose con un clic-clic de su cierre cromado al costado derecho del casco. Cuando se acalla esta pequeña familia de ruidos, a través de tubos, cables, broches y hebillas, mi cuerpo queda unido a ese cuerpo mucho más grande y dormido del avión.

En el exterior, bajo el frío y oscuro manto de la noche, una fantasmagórica unidad de potencia de color amarillo se pone en marcha, controlada por un hombre vestido con un pesado anorak. Tiene la esperanza de que yo sea rápido en partir. A pesar del anorak, tiene frío. Bajo sus manos, el estruendo y rugido del inmenso motor de gasolina se calma un poco y en sus marcadores de voltaje las manecillas blancas entran en sus arcos verdes.

Desde el motor de la unidad de potencia, a través del generador, a lo largo de la negra serpiente de goma que penetra en la fría ala plateada de mi avión, por los cables marcados del sistema eléctrico DC, la energía estalla dentro de mi cabina oscura en forma de seis lucecillas de advertencia rojas y amarillas y en el temblor tenue de algunas manecillas del tablero de instrumentos.

Mis guantes de cuero, estampados con las blancas estrellas y alas de la Fuerza Aérea, dan comienzo a un pequeño acto familiar para la interesada audiencia que observa tras mis ojos. Se trasladan de izquierda a derecha por toda la cabina; comprueban el encendido de los interruptores de circuitos de la consola izquierda; que el conmutador del acondicionador del armamento esté cerrado; que el conmutador de la pantalla del motor esté conectado; que los interruptores de presión de los depósitos eyectables estén cerrados; que el interruptor del aerofreno esté conectado; la palanca de gases en OFF, el altímetro, la manilla del paracaídas de frenado, palanca de seguridad del visor, radiocompás, TACAN, oxígeno, generador, IFF, el selector del invertidor. Los guantes danzan y los ojos observan. El guante derecho sale al exterior tras finalizar su labor y traza un círculo de información dirigido al hombre que espera allí abajo, a pleno viento: la revisión ha terminado y el motor se pondrá en marcha dentro de dos segundos. Ahora se adelan-

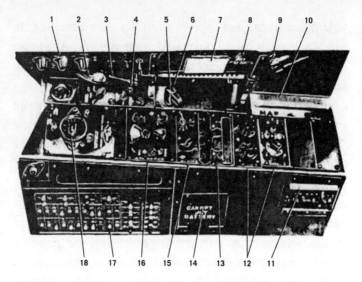

Consola derecha

1. Panel de control de luces interiores y exteriores
2. Calculador
3. Control de temperatura y presión de la cabina
4. Interruptor del descongelador del parabrisas
5. Control del descongelador
6. Conmutador del aire seco de la cúpula de la cabina
7. Control lateral de cierre del acondicionador de aire
8. Caja de fusibles de AC
9. Luz de tormenta
10. Estuche del mapa
11. Fusibles de recambio
12. Paneles de control del IFF y SIF
13. Equipo de radio
14. Acumulador del expulsor de la cúpula
15. Panel de control del TA-CAN
16. Panel de control del ADF
17. Panel de interruptores de circuitos
18. Indicador del oxígeno

ta la palanca de gases, el guante baja y el interruptor de puesta en marcha se cambia a la posición de arranque.

No queda tiempo para respirar ni para pestañear. Se escucha un suave silbido de una décima de segundo antes de que la conmoción sacuda el aire frío. Y de pronto, todo al mismo tiempo: el aire, el chisporroteo y el JP-4 para Reactores. Mi avión está diseñado para que su motor se ponga en marcha con una explosión. No puede ser de otra forma. Pero el estruendo es como acercar un fósforo a un barril de pólvora, como el disparo de un cañón, como el estallido de una granada de mano. Afuera, el hombre pestañea dolorido.

Con la explosión, lo mismo que si se abrieran los ojos repentinamente, mi avión cobra vida. Despierta instantáneamente. El trueno se desvanece tan rápidamente como llegó y es reemplazado por un silbido callado que sube de intensidad, muy alto, y luego desciende en la escala hasta la nada. Pero, antes de que desaparezca el silbido, en lo más profundo del motor, las cámaras de combustión se han ganado su nombre. El puntero blanco luminoso del marcador que dice *temperatura del gas de escape* se lanza hacia arriba, impulsado por los terminales de las termosondas al quedar en contacto con un flujo de fuego amarillo que se retuerce al salir de catorce cámaras de acero inoxidable. El fuego hace girar una turbina. La turbina hace girar un compresor. El compresor oprime combustible y aire para alimentar el fuego. Las débiles llamas de color amarillo se transforman en antorchas de un azul claro, como hombrecitos de negocios encerrados en sus oficinas redondas y aisladas. Y ya no se necesita más de la fantasmagórica unidad de potencia.

El guante derecho dibuja un círculo en el aire y un dedo hace la señal de alejamiento; que se aleje la fuente de energía. Quedo a mi propia merced.

La temperatura de la tobera de cola se sitúa cómodamente en 50 grados centígrados; el tacómetro indica que el motor está girando a un 45% de sus posibles rpm. El flujo de aire hacia el insaciable motor de acero es un chillido constante y agudo al penetrar por la tobera ovalada de admisión, emitiendo un grito como un fantasma encadenado al aire oscuro y helado y al hiriente fuego azul.

La presión hidráulica aparece indicada en un dial, bajo la manecilla. Se mueve el interruptor del aerofreno hacia la posición de dentro y la presión hace que dos grandes hojas de acero desaparezcan en los suaves costados de mi avión. Las luces del arco iris se oscurecen cuando la presión se eleva en los sistemas de combustible y lubricación. Acabo de nacer con el empuje del viento sobre mi bufanda. Con el viento partiéndose en dos a lo largo de la gran aspa plateada de mi timón. Con el correr del viento hacia las antorchas de mi motor.

Sólo queda una luz encendida, que brilla porfiadamente sobre una placa que dice *cabina sin cerrar*. Mi guante izquierdo impulsa una palanca hacia atrás. Me estiro hacia delante para alcanzar con el guante derecho el marco de la contrapesada cúpula de plexiglás doble. Un ligero tirón hacia abajo y la cúpula, con sus suaves goznes, se cierra sobre mi pequeño mundo. Muevo hacia delante la manilla que está en mi guante izquierdo. Escucho el tenue sonido de los cerrojos al encajar. La lucecilla se apaga. El viento cesa de mover mi bufanda.

Mis correas, hebillas y cables me mantienen hundido en un profundo lago de luz rojiza y oscura. En él se encuentra todo aquello que debo saber sobre mi avión, la posición y altitud, hasta que vuelva a desacelerar una hora y 29 minutos después y a 579 millas náuticas (1.073 km) de la Base Aérea de Wethersfield, en Inglaterra.

Esta base no tiene ningún significado para mí. Cuando aterricé era sólo una larga pista a la luz del atardecer, un operador de la torre de control que me daba las indicaciones para rodar y una persona desconocida que me esperaba en Operaciones con un pesado paquete envuelto en lona. Llegué apresuradamente y tengo prisa por marcharme. Wethersfield, con sus setas y sus robles, que presumo son parte de todos los pueblos de Inglaterra, con sus casas de piedra y techos cubiertos de musgo y con sus habitantes que observaron la Batalla de Inglaterra mientras el cielo se cubría de humo negro, para mí sólo es la Mitad del Camino. Mientras menos tarde Wethersfield en transformarse en una pequeña mancha oscura a lo lejos, antes podré terminar la carta a mi esposa y a mi hija, antes podré descansar en una cama solitaria y tachar otro día transcurrido en el calendario. Y así, antes podré traspasar lo desconocido, que es el tiempo reinante sobre Europa.

Bajo mi guante izquierdo, en la pesada y negra palanca de gases, hay un botón del micrófono. Lo oprimo con el pulgar.

—Torre de control de Wethersfield —me dirijo al micrófono oculto en la abrigada goma verde de la máscara de oxígeno. Escucho mi propia voz en los auriculares del casco y sé que en el elevado cubo de cristal de la torre de control en este momento se está oyendo la misma voz y las mismas palabras.

—Reactor de la Fuerza Aérea Dos Nueve Cuatro Cero Cinco; instrucciones de rodaje y en espera de la autorización del ATC.

Aún suenan extrañas mis palabras. Reactor de la Fuerza Aérea. Seis meses antes era Reactor de la Guardia Aérea. Sólo un fin de semana al mes y volaba únicamente cuando tenía tiempo disponible para ello. El desafío era volar mejor que los pilotos de la Fuerza Aérea y disparar con mayor exactitud que ellos, montado en aviones viejos y con un trabajo de civil de jornada completa. Observar las nubes de tensión que se acumulaban sobre la tierra y tener la certeza de que, si el país necesitaba más poder de ataque, mi escuadrón formaría parte de él. Treinta y un pilotos del escuadrón conocían este hecho. Sabían que podían abandonar el escuadrón antes que se produjera la llamada; y los treinta y un pilotos, dos meses después, en sus aviones antiguos y usados, sin reabastecimiento de combustible, volaron hacia Francia a través del Atlántico. Reactor de la Fuerza Aérea.

—Comprendido, Cero Cinco —llegó una nueva voz a los auriculares—. Tome pista dos ocho; viento de dos siete cero grados, uno cinco nudos, altímetro a dos nueve nueve cinco, hora en la torre es dos uno dos cinco, despegue cuando lo solicite. Detalle el tipo de avión, por favor.

Hice girar la pequeña perilla estriada cerca del altímetro para indicar los 29,95 en una ventanilla iluminada por una luz roja. Las manecillas del altímetro se movieron ligeramente. Mi pulgar enguantado volvió a pulsar el botón del micrófono.

—Comprendido, torre, Cero Cinco es un Fox Ocho Cuatro, correo: de regreso a la Base Aérea de Chaumont, Francia.

La gruesa y negra palanca de gases avanza y, en medio del rugido repentino y del trueno caliente, el Republic F-84F, ligeramente abollado, un poco pasado de moda, conducido por mi guante izquierdo, comienza a moverse. Un leve toque de la bota al freno izquierdo y el avión gira. Retraso la palanca de gases para no aplastar al hombre y su unidad de potencia con un huracán de 600 grados que sale del escape de cola. El selector de la Navegación Aérea Táctica (TACAN) queda en posición de *transmitir y recibir.*

Las siluetas plateadas y adormiladas de los F-100 de la Base Aérea de Wethersfield se deslizan en la oscuridad mientras ruedo. Me siento invadido por una sensación de comodidad. Los interminables chasquidos de la estática en mis auriculares, el peso íntimo del casco, el ligero temblor del avión, meciéndose y balanceándose mientras rueda sobre sus duros neumáticos y los bien aceitados amortiguadores, pasando sobre los baches y ondulaciones de la pista de despegue. Igual que un animal. Igual que un inmenso animal de presa, confiado y confiable, pesado y rápido, ese avión que controlo desde su nacimiento hasta su sueño avanza lentamente hacia la pista de dos millas de longitud arrullada por el murmullo del viento frío.

La voz filtrada del operador de la torre interrumpe la estática serena y calmada de mis auriculares.

—Reactor de la Fuerza Aérea Dos Nueve Cuatro Cero Cinco, mensaje recibido. ¿Listo para copiar?

Mi lápiz salta de su lugar en la manga de la cazadora

de piloto y se sitúa sobre el piernógrafo atrapado por las fauces de la pinza que lo sujeta a mi pierna izquierda.

—Listo para copiar.

—ATC aprobado; Reactor de la Fuerza Aérea Dos Nueve Cuatro Cero Cinco con destino al Aeropuerto de Chaumont... —Transcribo las palabras taquigráficamente. Me acaban de aprobar la ruta que yo había programado—. Vía directa a Abbeville, directa a Laon, directa a Spangdahlem, directa a Wiesbaden, directa a Phalsbourg, directa a Chaumont.

Así comienza una ruta definida con anterioridad, programada para evitar las masas de tormenta y de mal tiempo que el meteorólogo ha marcado con cuadros rojos a través de la ruta directa que me conducirá a la base final.

—Ascenso bajo control de radar hasta el nivel de vuelo tres tres cero, contactar el control de Anglia...

Las instrucciones llegan por los auriculares y salen por el extremo del lápiz; a quién contactar, cuándo, en qué frecuencia; una hora y 29 minutos de vuelo comprimidos en un trozo de papel taquigrafiado, bañado por la luz tenue y rojiza. Repito las anotaciones al operador de la torre y toco ligeramente los frenos para detenerme poco antes de la pista.

—Roger, Cero Cinco, lectura correcta. Todo listo para despegar; no hay informes de vuelos sobre el área.

La palanca de gases se adelanta nuevamente y la aeronave gira para ponerse en posición de despegue en la pista dos ocho. El hormigón es ancho y prolongado. La cinta blanca pintada en el centro queda sujeta en un extremo por la rueda delantera de mi avión y en el otro extremo invisible por la resistente red de nailon de la barrera de seguridad. Dos hileras gemelas de luces blancas convergen más adelante en la oscuridad, señalando el camino. Ahora, bajo mi guante izquierdo, la palanca de gases se adelanta hasta el fondo; hasta que la aguja del tacómetro cubre la línea que marca el 100%, hasta que la temperatura de la tobera de cola alcanza el arco rojo en el dial que marca los 642 grados centígrados, hasta que cada indicador en cada dial del panel de instrumentos bañado de luz rojiza está de acuerdo con lo que vamos a emprender, hasta que me digo a mí mismo, como lo repito cada vez que vuelo, *Allá vamos.* Suelto los frenos.

La velocidad no se alcanza de inmediato. La cabeza no se ve impulsada hacia atrás contra el asiento. Sólo siento una ligera presión en mi espalda. La faja de la pista se desenrolla, al comienzo lentamente, bajo la rueda delantera. El trueno ruge y se retuerce y quema detrás de mí y, suavemente, veo que las luces de la pista comienzan a desvanecerse a los costados del hormigón y que la aguja del marcador de velocidad cubre los 50 nudos, los 80 nudos, los 120 nudos (compruebo satisfactoriamente la velocidad). Entre las dos hileras blancas y borrosas vislumbro la barrera que me espera en la oscuridad al final de la pista y la palanca de control se inclina fácilmente hacia atrás bajo mi guante derecho y la aguja del velocímetro cubre los 160 nudos.

La rueda delantera se aparta del hormigón y, medio segundo después, lo hacen las ruedas principales. Y ya no queda nada en el mundo salvo yo y mi avión, vivos y juntos. Y el viento frío nos eleva hacia su corazón y somos uno solo con el viento y uno solo con el cielo oscuro y las estrellas. La barrera de frenado de emergencia queda olvidada atrás y las ruedas se doblan para encajar en mi piel de aluminio sin posturas. Y la velocidad de vuelo llega a uno nueve cero y los flaps se inclinan levemente, y la velocidad es dos dos cero y me encuentro en mi elemento y ya estoy volando. Estoy volando.

La voz que escucho en los suaves auriculares no es parecida a la mía. Es la voz de un hombre al cual le preocupa sólo su misión; un hombre que habla mientras aún le quedan muchas cosas que hacer. Sin embargo, es mi pulgar el que presiona el botón del micrófono y son mis palabras las que son recibidas en la torre de control.

—Torre de Wethersfield, Reactor de la Fuerza Aérea Dos Nueve Cuatro Cero Cinco emprende ruta y deja su estación y frecuencia.

Mi avión trepa fácilmente en el extraño y diáfano aire sobre el sur de Inglaterra y mis guantes, que no están dispuestos a aceptar la ociosidad, se mueven por la cabina y completan las pequeñas tareas que les han sido asignadas. Las agujas del altímetro pasan rápidamente los 5.000 pies. Y mientras mis guantes se ocupan de recoger las pantallas del motor, de dar presión a los depósitos eyectables, de soltar el mosquetón del anillo-D de su cuerpo, de poner a funcionar el compresor neumático, de pronto me doy cuenta de que no hay luna. Yo había esperado encontrarme con la luna.

Mis ojos, bajo las órdenes del auditorio que existe tras ellos, repasan nuevamente todos los indicadores y medidores de instrumentos, comprobando que se encuentren sobre los arcos de pintura verde bajo los cristales. Conscientemente, mi guante derecho pulsa la palanca del oxígeno desde el 100% a la posición de normal y dispone los cuatro números blancos de la frecuencia del control de partida en las cuatro ventanillas negras del transmisor UHF.

Esa voz extraña, que es la mía, se comunica con el centro de control de radar que está guiando mi partida. La voz es capaz de hablar lo necesario y adecuado, los guantes son capaces de mover la palanca de gases y la palanca de control para conducir el empinado ascenso de mi avión en medio de la noche. Ante mí, a través del inclinado cristal del parabrisas y más allá del encogido muro de aire traslúcido, se encuentra la meteorología. Puedo ver que al comienzo abraza la Tierra, a baja altura y en una capa delgada, como si dudara que es a la Tierra a la que debe cubrir.

Las tres manecillas blancas del altímetro giran y sobrepasan los 10.000 pies. Esto obliga a mi guante derecho a emprender otra serie de tareas pequeñas y breves, casi sin importancia. Ahora marca el número 387 en la ventanilla del panel de control del radiogoniómetro. En los suaves auriculares se escuchan débilmente en Morse las letras A-B: el radiofaro de Abbeville.

Abbeville. Hace veinte años, los Muchachos de Abbeville que volaban en sus Messerschmitt 109, con unas espirales amarillas pintadas alrededor del cañón de la hélice, fueron los mejores pilotos de combate de la Luftwaffe alemana. Abbeville era el lugar adecuado si uno deseaba buscar un buen combate, y un lugar que se debía evitar cuando se llevaban bolsas de lona en vez de balas de ametralladoras. Abbeville estaba a un lado del Canal, y Tangmere y Biggin Hill al otro. Messerschmitt a un lado y Spitfire al otro. Y en el aire cristalino, entre ambos, los rastros de humo blanco y los trazos de humo negro de los aviones derribados.

La única distancia que me separa de un Me-109 de morro amarillo es un pequeño recodo del río llamado tiempo. El ondular de las olas sobre las arenas de Calais. El murmullo del viento sobre el tablero de ajedrez de Europa. Un giro completo del reloj. La misma atmósfera, el mismo mar, el mismo horario, el mismo río del tiempo. Pero los Messerschmitt ya no están. Tampoco los magníficos Spitfire. Si mi avión, esta noche, pudiera llevarme por ese recodo del río en vez de seguir su curso, el mundo tendría el mismo aspecto que ahora. Y en este mismo aire ante ellos, en otro espacio de aire viejo, los Breguets, los Latés y Ryan el Solitario vendrían de Occidente en busca de Le Bourget en medio de los haces de luz de los reflectores. Y, más allá de las confluencias del río, se encontrarían volando los Nieuports, los Pfalzes, los Fokkers y Sopwiths, los Farmans y Bleriots, los Wrights, los dirigibles Santos-Dumont, los Montgolfiers. Y los hombres elevarían su vista al cielo. Al mismo cielo que se extiende esta noche.

El cielo eterno, el hombre soñador.

El río sigue su curso.

El cielo eterno, el hombre esforzado.

El río sigue su curso.

El cielo eterno, el hombre conquistador.

Esta noche, Tangmere y Biggin Hill son unos rectángulos callados de luz, de asfalto bajo la nube que se desliza poco más allá de mi aeronave. Y el aeropuerto cercano a Abbeville está a oscuras. Pero sigue estando el aire cristalino que susurra por encima de mi cabina y

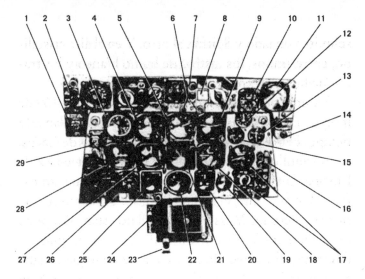

Panel principal de instrumentos

1. Conmutador de luces de aterrizaje
2. Controles para el abastecimiento de combustible en vuelo
3. Indicador radio magnético
4. Indicador de velocidad de vuelo y de número de Mach
5. Giro direccional: indicador de rumbo
6. Luces de advertencia de sobrecalentamiento o incendio en el motor
7. Luz de advertencia de apertura de la cúpula
8. Luz de advertencia de bajo nivel de oxígeno
9. Indicador de posición
10. Acelerámetro
11. Indicador de picado y régimen de alabeo
12. Tacómetro
13. Indicador de presión del aceite
14. Luz indicadora de fallo del sistema hidráulico
15. Indicador de temperatura de gases de escape
16. Luces de advertencia del sistema de combustible
17. Indicador de cantidad de combustible y selector
18. Indicador de velocidad vertical: variómetro
19. Indicador de flujo de combustible
20. Indicador de bastón y bola
21. Indicador de desviación de ruta
22. Reloj
23. Manilla de ajuste del pedal del timón
24. Manilla de extracción del paracaídas de frenado
25. Indicador de brújula esclavo
26. Indicador de presión del sistema hidráulico
27. Altímetro
28. Medidor de distancia TACAN
29. Panel de control del indicador de rumbo

ruge al entrar por el óvalo abierto de la tobera que se encuentra a poca distancia delante de mis botas.

Es triste transformarse de pronto en una parte viva de algo que debiera pertenecer al pasado y a las películas borrosas de la época. La razón que tengo para encontrarme en la orilla apartada del Atlántico es la de estar siempre dispuesto a moldear nuevos recuerdos de la victoria de Nosotros sobre Ellos y apretar el disparador que sume unos pocos pies al carrete de la película de la historia. Estoy aquí para llegar a formar parte de una Guerra Que Puede Existir. Y éste es el único lugar al cual pertenezco si se transforma en una Guerra Que Existe.

Pero más que aprender a odiar, o incluso quitarle importancia al enemigo que acecha desde el otro lado del mítico telón de acero, y a pesar de mí mismo, he aprendido que quizás él también sea un hombre, un ser humano. Durante mi breve permanencia en Europa he convivido con pilotos alemanes, con pilotos franceses, con pilotos noruegos, con pilotos de Canadá e Inglaterra. Casi para mi propia sorpresa, he descubierto que los estadounidenses no son los únicos seres que vuelan sólo por el gusto de conducir un avión. He aprendido que los pilotos hablan el mismo idioma y comprenden las mismas palabras que no se pronuncian, cualquiera sea su país de origen. Se enfrentan a los mismos vientos y a las mismas tormentas. Y, en la medida que pasan los días sin una guerra, me pregunto si un piloto, sólo por la situación política en que le ha tocado vivir, puede ser un hombre totalmente diferente de todos los demás pilotos que viven en los distintos sistemas políticos del mundo.

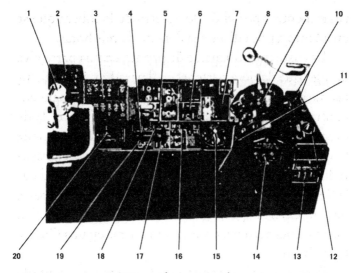

Consola izquierda

1. Válvula del equipo Anti-G
2. Panel de prueba de apertura de la cúpula
3. Panel de interruptores de circuitos. (Disyuntores)
4. Conmutador de disposición del ATO
5. Conmutador del sistema Pitot
6. Panel de control de la cámara
7. Panel de control de vuelo
8. Palanca de cierre de la cúpula
9. Cuadrante de la palanca de gases
10. Luces de indicación de posición neutral del timón y de los alerones
11. Liberador manual de bengalas
12. Reóstato de las luces de consola
13. Conmutadores de cierre de las válvulas de paso de combustible
14. Controles de abastecimiento de combustible durante el vuelo
15. Control del sistema de combustible
16. Conmutador de la pantalla del motor
17. Palanca de eyección manual de la cúpula
18. Conmutador de cierre de los eyectores
19. Conmutador del compresor
20. Conmutadores de expulsión de bengalas

Este hombre misterioso, este piloto ruso de cuya vida y pensamientos conozco tan poco, surge en mi mente como un hombre no muy diferente a mí. Vuela en un avión cargado de cohetes y bombas y ametralladoras no porque le guste la destrucción, sino porque ama a su aeronave. Y la responsabilidad de volar en un avión adecuado y capaz, en cualquier Fuerza Aérea, no puede divorciarse de la responsabilidad de matar si se debe luchar en una guerra.

Comienzo a sentirme atraído por este probable piloto enemigo, más todavía si se trata de un hombre desconocido y prohibido, sin que tenga a nadie a su lado para atestiguar su lado bueno y tantos dispuestos a condenar sus errores.

Si la guerra llega a estallar aquí en Europa, jamás conoceré la verdad de ese hombre que va en la cabina de un avión con la estrella roja. Si se declarara la guerra, nuevamente nos veríamos lanzados unos contra otros, como lobos hambrientos. Un amigo, un verdadero amigo, ni inventado ni creado por las probabilidades, caerá bajo las balas de un piloto ruso. En alguna parte, un norteamericano morirá bajo sus bombas. Y en ese instante me veré envuelto en uno de los miles de males de la guerra; habré perdido la hospitalidad de esos amigos desconocidos que son los pilotos rusos. Me regocijaré con su muerte y me enorgulleceré con la destrucción de sus hermosos aviones bajo mis cohetes y mis balas. Si sucumbo al odio, es evidente que me transformaré irremediablemente en un hombre disminuido. En mi propio orgullo seré menos digno de orgullo. Mataré al enemigo y al hacerlo atraeré la muerte sobre mí. Y eso me entristece.

Pero esta noche no hay guerra declarada. En todos estos días de tranquilidad llega a parecer que nuestras naciones podrían convivir en paz. Y esta noche, el piloto del bloque oriental de mi imaginación, más real que el espectro en que lo transformaría la guerra, también va volando en su avión solitario bajo su propio y caprichoso clima.

Mis guantes están atareados nuevamente, nivelando el avión en los 33.000 pies (10.000 metros). Bajo el guante izquierdo la palanca de gases retrocede hasta que el tacómetro indica 94% de las rpm. El pulgar del guante derecho toca el botón de la palanca de control una y otra vez, empuñándola hacia delante, rápidamente. Los ojos se pasean de un instrumento a otro y todo está en orden. El flujo de combustible es de 2500 libras por hora. La aguja del indicador de Mach descansa sobre los 0.8, lo que significa que mi verdadera velocidad es de 465 nudos. La fina aguja luminosa del radiogoniómetro, en su dial cubierto de números, da un brinco cuando el radiofaro de Abbeville pasa debajo de mi avión, más allá de una negra nube. Los ojos revisan rápidamente la frecuencia del transmisor. La voz está preparada para informar la posición al control del tráfico aéreo. A las 22.00 horas, el pulgar izquierdo está sobre el botón del micrófono y el auditorio tras los ojos ve el primer fulgor lejano de un relámpago en lo alto de la opaca oscuridad que me rodea.

2

—Control Francia, Reactor de la Fuerza Aérea Dos Nueve Cuatro Cero Cinco. Abbeville.

Por unos instantes escucho sólo la estática vacía en los suaves auriculares y, con toda claridad, veo a un hombre en una gran habitación rectangular, rodeado de teletipos, altavoces, diales de frecuencia y de las pantallas grises de los radares. Sentado en una silla alta como taburete, el hombre se inclina hacia el micrófono, apartando un vaso de vino tinto.

—Cuatro Cero Cinco. Control Francia, adelante.

En su inglés prácticamente no se nota el acento. Eso es extraño. Toma un lápiz de una jarra repleta de ellos.

Nuevamente el botón del micrófono se encuentra bajo mi pulgar izquierdo y escucho los ruidos adicionales, los mismos que está oyendo el hombre en tierra. El motor destaca entre estos ruidos, como un leve rugido de potencia, como una cascada intencional que sirve de telón de fondo a mi mensaje. Mis palabras se filtran a través del cuerpo entubado del transmisor para transformarse en algo impersonal y lejano, como si fuera la voz de alguien a quien he conocido tan sólo por una casualidad.

—Control Francia, Cero Cinco se encuentra sobre Alfa Bravo a la hora prevista. Nivel de vuelo tres tres cero. Condiciones de vuelo instrumental ya señaladas. Estimo llegaré a Lima Charlie a las Cero Nueve, Spangdahlem.

Esta vieja y querida Francia. El único país en toda Europa donde jamás se pronuncia el nombre del lugar de destino o de información. Sólo se dan sus iniciales, envolviendo el hecho en una atmósfera de misterio al hacerlo. El modelo familiar del informe de posición es rítmico y poético; es un modelo de pura eficiencia, hermoso de pronunciar. Son miles los informes de posición que se transmiten y escuchan cada hora en todo el mundo. Forman una parte tan fundamental del vuelo instrumental como las peticiones de información para aterrizar en un vuelo con buen tiempo. Los informes de posición son parte de una forma de vida.

—Roger, Cero Cinco, en su posición. Informe en Lima Charlie.

El lápiz se detiene y el gemido se desvanece.

Con su última palabra, el hombre del Control Francia ha dejado de existir. Nuevamente me encuentro solo con la noche y las estrellas y los ruidos de mi avión.

En cualquier otro avión de combate, el crucero se transforma en un tiempo de quietud acompañado de un sonido suave y sin variaciones. El piloto avanza susurrante sobre su rugido dominado y es consciente de que todo marcha bien, tanto en el motor como en el avión. Pero en esta aeronave las cosas no son así; no en un F-84F. Mi avión es un payaso. Su motor suena más bien como un V8 mal carburado y sin silenciador, en vez de una dínamo eficiente que gira en bancadas bien lubricadas. Cuando comencé a volar en el Thunderstreak, se me advirtió que si el motor dejaba de vibrar quería decir que tenía un problema grave. Y es verdad. Los ruidos extraños surgen de cualquier lado, permanecen en el cuerpo del avión y luego desaparecen.

Ahora mismo, sobre mi hombro izquierdo, comienza a escucharse un quejido leve. Pongo atención, intrigado por la nueva tonalidad que ha descubierto este avión arlequín. El quejido aumenta en intensidad por momentos, como si una diminuta turbina estuviera acelerando a tremenda velocidad. Mi guante izquierdo hace retroceder la palanca de gases una pulgada y el quejido se calma ligeramente; la palanca avanza y su intensidad se incrementa. En otro avión este quejido sería motivo de serias y graves preocupaciones; en el mío es causa sólo para una leve sonrisa bajo el caucho verde de la máscara de oxígeno. Una vez llegué a pensar que había escuchado todos los ruidos que mi avión era capaz de emitir. Después de unos instantes, el quejido se desvanece por sí mismo.

¡Tum! ¡En la palanca de gases se percibe un ligero temblor y se escucha un ruido sordo, como si una bola de nieve hubiera golpeado el costado del fuselaje. En un F-100 o en un F-104, los aviones nuevos, este golpe habría alarmado al piloto, debiendo efectuar una rápida revisión de todos los instrumentos del motor. En cualquier otro avión, ese golpe significaría que el motor se había librado de uno de los álabes de la turbina y que a continuación seguiría una serie de sorpresas desagradables. Sin embargo, en mi '84, un golpe sordo es un ruido más del caleidoscopio de sonidos que el avión ofrece a su piloto. Una evidencia más de la personalidad disconforme que se oculta bajo el metal.

Mi avión tiene una gran variedad de caprichos individuales; en tal número que, antes de llegar a Francia, fue necesario concertar una pequeña reunión con los operadores de la torre de control para explicarles algunas cosas. La explosión del motor al partir podría hacer que una persona que no hubiera experimentado antes este hecho corriera desenfrenadamente a buscar a los bomberos. Cuando el motor permanece en tierra, girando modestamente a un 46% de sus posibles rpm, emite un verdadero ronroneo. No es un ronroneo callado y suave, sino más bien un «mmmm» amplificado, penetrante, resonante, que obliga a los mecánicos de tierra a taparse los oídos para evitar el dolor, indicándoles a los pilotos que incrementen la potencia para así aumentar las rpm más allá del punto de resonancia. El ronroneo es muy preciso y humano, y en toda la base no cabe la menor duda de que un F-84F se está preparando para despegar. Si se escucha desde una distancia más confortable, el avión parece estar acomodándose para dar su nota de trueno en el más alto tono. Pero después, en el aire, generalmente no quedan rastros de su resonancia, aun cuando la cabina se llena de los otros ruidos del motor.

No obstante, en algunas ocasiones he volado en un avión que zumba en el aire y la cabina se transforma en una delicada y bien construida cámara de torturas. Después del despegue se desacelera para mantener la velocidad de crucero o para seguir al jefe de escuadrilla. MMM... Un poco menos de aceleración. MMM... La resonancia penetra en mí como si yo fuera un servomotor metálico conectado al fuselaje. Sacudo la cabeza violentamente. Es lo mismo que intentar espantar a una horda de mosquitos hambrientos con un movimiento de cabeza. Abro al máximo los ojos, los cierro, sacudo la cabeza nuevamente. Inútil. Al cabo de poco tiempo se hace difícil pensar en volar en formación, en mantener la velocidad de crucero, en la navegación, en cualquier otra cosa que no sea el insistente zumbido que hace temblar al avión como si hubiera contraído una extraña enfermedad. Despliego los aerofrenos hasta la mitad. Muevo la palanca de gases hasta alcanzar el 98% de las rpm. El zumbido desaparece con el incremento de potencia y es reemplazado por el temblor del aire que golpea curiosamente contra los aerofrenos. Volar dos horas en un avión con zumbido transforma al piloto en un autómata con grandes ojeras. Jamás habría creído que el ruido y la vibración pudieran agotar tan rápidamente a un hombre. La única vez que informé sobre la fuerte resonancia en un avión, descubrí que la mayoría de las veces era provocada por un conducto suelto en la cola, lo que hacía que el tubo de acero inoxidable de ocho pies descansara ligeramente contra el armazón de la nave, produciendo el mismo efecto que la vibración de un tenedor sobre un vaso de agua. El arma perfecta de un saboteador en tiempos de guerra sería una llave para aflojar ligeramente el conducto de cola de los aviones enemigos.

Y hay otras cosas. El avión conoce un centenar de trucos que le gusta aplicar. Un centenar de pequeñas cosas que parecen indicar que Algo Anda Mal, cuando todo está en orden. Poco antes de despegar, mientras se prepara el motor en la pista, un humo gris comienza a penetrar en la cabina surgiendo como un géiser por las toberas de ventilación. ¿Incendio en el motor? ¿Un conducto de aceite roto en el compartimiento del motor? Nada de eso. El control de temperatura de la cabina se ha graduado demasiado bajo y la humedad del aire exterior es transformada de inmediato en neblina por el obediente sistema de enfriamiento. Si el control de temperatura se avanza ligeramente hacia la posición de *caliente*, el humo desaparece. Y el avión ríe socarronamente para sus adentros.

Y en los mismos momentos, durante la carrera de despegue, un humo, un verdadero humo de aceite, comienza a surgir del fuselaje cayendo a la pista desde un orificio oculto, salpicando y manchando el avión de gris. Es normal. Sólo se trata de una nubecilla de aceite que emana de los cojinetes lubricados a presión y que es expulsada tal como se ha previsto.

Y durante el vuelo, una hora después de volar a bajo nivel. De pronto el combustible del avión insignia comienza a desparramarse dejando un rastro prolongado y blanco como el emblema de la derrota. ¿Se han roto los conductos del aceite? ¿Es una señal de que los álabes de la turbina se han despegado de la rueda incandescente y que el motor se romperá en mil pedazos? ¿El fuego es inminente y muy pronto surgirá una llamarada roja en el cielo? No. Este rastro dejado por el combustible es bastante normal. Cuando los depósitos eyectables se han agotado y los depósitos interiores comienzan a alimentarse de su propio combustible, por unos momentos se acumula demasiado JP-4 en el depósito principal y éste comienza a rebosar por el rebosadero, sin peligro alguno y tal como está previsto que debe suceder. El avión ríe burlonamente por este viejo chiste.

Y en el momento del despegue, cuando se va a plena carga y a baja velocidad, muy cerca del suelo y segundos antes se elevan los flaps, de pronto brilla en el panel de instrumentos una resplandeciente luz amarilla. La veo con el rabillo del ojo y me quedo aturdido durante medio segundo. La luz se apaga por sí sola. No es la luz amarilla de advertencia de sobrecalentamiento que he visto en esos instantes críticos en que un incendio puede significar el desastre. Es la luz del indicador de fallo del sistema hidráulico que, una vez que he recuperado la compostura, me está advirtiendo que el sistema hidráulico del estabilador ha comenzado a funcionar como es su obligación. Se ha cambiado la respuesta de los controles de vuelo en cuanto el tren de aterrizaje ha encajado en su lugar. Y el avión sonríe sarcásticamente.

Pero, alguna vez, los álabes de la turbina pueden romperse y cortar las tuberías de combustible como si fueran de mantequilla. Entonces se enciende la luz de advertencia de incendio y la cabina se llena de humo. En esta ocasión el avión gime dolorosamente.

Esta noche voy en régimen de crucero. Me acompañan los continuos y persistentes gemidos, golpes, rumores y chirridos y, en medio de todo esto, destacan las agujas luminosas de los relojes que marcan el 95% de rpm, los 540 grados de temperatura en la tobera y los 265 nudos indicados en el velocímetro. El crucero está compuesto por las largas manecillas de radio del altímetro que oscilan frente a la marca de los 33.000 pies y por otras agujas más cortas atrapadas por arcos de color verde en el interior de sus relojes de vidrio. Frente a mí, bajo la luz rojiza, hay 24 relojes circulares en el panel. Este hecho parece simple y carente de significado; sin embargo, tengo la impresión de que debería ser amedrentador. Quizá si contara los controles, las manecillas y los selectores...

Tiempo atrás, los 24 relojes me habrían impresionado, pero esta noche encuentro que son pocos y que los conozco a la perfección. En mi pequeño piernógrafo hay una regla de cálculo circular que me señala que la velocidad de 265 nudos en realidad está trasladando mi avión desde Abbeville a Laon a una velocidad de 465 nudos (860 km por hora). En verdad esto no es rápido, pero tampoco es lento para un viejo avión de la Guardia.

El crucero. Las horas se acortan con claridad y se encajan en lapsos transcurridos entre ciudad y ciudad, entre radiofaro y radiofaro, entre una vuelta del radiogoniómetro y la siguiente. Mientras vuelo llevo conmigo mi propio mundo y, en el exterior, se extiende ese Otro Mundo familiar e indiferente de cincuenta y cinco grados bajo cero, de estrellas y nubes negras y del inmenso vacío hasta los cerros.

Entre la suave estática que escucho por los auriculares, surge una voz apresurada:

—Torre Evreux, control de radio de la Guardia del Canal; uno-dos-tres-cuatro-cinco-cuatro-tres-dos-uno. Torre Evreux fuera.

Alguien más existe en el mundo en estos momentos.

Seis millas más abajo hay un radiooperador que se desvanece a 465 nudos; en este mismo instante ha devuelto el micrófono a su soporte, mientras observa su pista enmarañada de luces blancas y rodeada de luces azules de rodaje que conducen a una zona de aparcamiento. Desde su torre puede distinguir esos triángulos altos y rítmicos que son los estabilizadores verticales de los aviones de transporte de la base que están aparcados. En estos instantes ha comenzado un trabajo largo y solitario; el control de radio fue tanto para romper el silencio como para comprobar el funcionamiento del transmisor de emergencia. Y ahora que se ha asegurado que la radio funciona bien, se acomoda para pasar toda la noche. No se ha dado cuenta de que yo pasé sobre su cabeza. Para hacerlo, debería haber salido a la pasarela que rodea su torre, escuchar atentamente y levantar la mirada hacia el último agujero dejado por las nubes, donde brillan las estrellas. Si la noche fuera tranquila, podría escuchar el débil y profundo trueno del motor que me lleva a mí y al avión a través del cielo. Si hubiera contado con prismáticos en el momento oportuno, habría logrado ver los relampagueos intermitentes de color rojo, verde y ámbar de mis luces de navegación y la luz blanca permanente del fuselaje. Luego volvería a entrar en su torre, bajo las primeras gotas de lluvia, para esperar el amanecer.

Recuerdo que en cierta ocasión me pregunté cómo se sentiría un piloto en un avión de combate.

Y ahora lo sé. Se siente lo mismo que el conductor de un coche que transita por las carreteras de Francia. Se siente exactamente lo mismo. Tome un pequeño sedán y llévelo a 33.000 pies de altura. Cubra las ventanas laterales, corte el techo y cámbielo por una lámina de plexiglás. Conduzca con una palanca de mando y pedales del timón en vez de un volante. Ponga 24 relojes indicadores en el panel de instrumentos. Vista un mono con muchos bolsillos y un apretado traje anti-G cerrado por una gran cremallera, un casco blanco con un visor de plexiglás, una máscara de oxígeno de goma verde y suave, un par de botas altas y negras de bordes blancos, una pistola en una sobaquera de cuero y una pesada cazadora verde de vuelo con un lugar especial para cuatro lápices en la manga izquierda, con el emblema del escuadrón y su nombre cosido en ella y pintado en el casco; y el paracaídas fijado al arnés, y uno conectado al equipo de supervivencia, y el oxígeno y el micrófono y el sistema del paracaídas automático y los cinturones de seguridad en el pecho y en la cintura atados al asiento de brazos amarillos y el disparador, y vuele sobre los cerros cubriendo 15 km por minuto y mire hacia abajo y vea a la derecha un cúmulo de nubes que crecen como un muro y observe los relojes y manecillas que a uno le indican dónde está, a qué altura y a qué velocidad se mueve. Pilotar un avión de combate es lo mismo que conducir un coche por las carreteras de Francia.

Mi avión y yo llevamos 31 minutos de vuelo desde que dejamos la pista de la Base Aérea de Westhersfield. Hemos estado juntos durante 415 horas de vuelo desde que nos conocimos por primera vez en la Guardia Aérea Nacional. Los pilotos de combate no alcanzan a estar en sus cabinas ni una décima parte del tiempo que vuelan los pilotos de transporte. Los vuelos en aviones de un motor generalmente no duran más de dos horas, y los aviones se reemplazan cada tres o cuatro años por modelos más nuevos, incluso en la Guardia. Pero este '84 y yo hemos volado juntos durante un tiempo razonablemente largo, tal como les sucede a la mayoría de los pilotos de guerra con sus aviones. Hemos llegado a conocernos bastante bien. Mi avión cobra vida al toque de mis guantes, y él, a su vez, a cambio de esa vida, me entrega su buen funcionamiento, que es su forma de amar.

Yo quiero volar a gran altura, por encima de las nubes, y él, con gran entusiasmo, deja una estela gris, hueca y retorcida tras nosotros. Desde tierra, este túnel gris toma el aspecto de una serpentina de brillante color blanco y, contra el telón azul del cielo, el mundo puede ver que estamos volando a gran altura.

Ahora deseo volar muy bajo. Y con un rugido pasamos sobre los valles boscosos, como un rayo. Rozamos los árboles y las copas se inclinan bajo la presión de nuestro paso y el mundo se transforma en figuras borrosas frente al parabrisas y un solo punto permanece fijo: recto hacia delante, el horizonte.

Nos gusta mucho esta vida en común.

De vez en cuando, generalmente en las horas de ocio mientras pienso en la vida que llevo, me surge la pregunta de por qué existe esa pasión por la velocidad y el vuelo a baja altura. Ya que, tal como me dijo un instructor, se puede hacer cualquier cosa con un avión sin correr el menor peligro, a menos que uno decida hacerla cerca del suelo. Lo que mata a un piloto es el contacto con tierra, con ese otro mundo tan depresivamente sólido. Entonces, ¿por qué volamos, de vez en cuando, a gran velocidad y a poca altura sólo por el hecho de divertirnos? ¿Cómo se explican esos rizos sobre la cubierta de los barcos nodrizas en las maniobras de combate? ¿Por qué ese magnetismo que provocan los puentes? ¿Ese desafío paciente y silencioso que cada puente presenta a todos los pilotos, retándolos a volar bajo él y salir airosos y vivos de la hazaña?

Me gusta mucho el color y el sabor de la vida. Aun cuando la muerte es algo que despierta interés en el camino que nos espera, prefiero que ella me encuentre, antes que apresurarme a salir a su encuentro o buscarla deliberadamente. Por eso me hago la pregunta: ¿cuál es la razón de esos rizos y de las pasadas más bajas de lo necesario y a gran velocidad? La respuesta nos señala generalmente que se trata de una buena diversión y, con ello, se baja un telón pretendiendo que sea aceptada como suficiente. Porque es una diversión. Así es. Ningún piloto negará este hecho. Pero, como los niños que experimentan con las palabras, me pregunto: ¿y por qué es divertido? Porque te gusta presumir. Vaya. La respuesta comienza a vislumbrarse, deslizándose por una puerta con medio segundo de retraso como para que mi atención deje de fijarse en ella. ¿Y por qué me gusta presumir? La respuesta queda atrapada en un fuego nutrido de brillantes reflectores. Porque soy libre. Porque mi espíritu no se encuentra encadenado por un cuerpo de 80 kilos. Porque, cuando me encuentro en mi avión, tengo poderes que sólo tienen los dioses. Porque no tengo necesidad de estudiar lo que son 500 nudos o verlo en una película o imaginarme lo que podría ser. En mi estado de libertad puedo vivir esos 500 nudos...

el paso borroso de los árboles, esa visión breve del barco nodriza debajo de mí; el contacto de la palanca de control en mi puño derecho y de la palanca de gases en la mano izquierda; el olor de la goma verde y del oxígeno frío; la voz filtrada del encargado del control de vuelo: «¡Bonito espectáculo, amigo!» Porque a los hombres en tierra puedo contarles esa verdad que descubrí hace ya bastante tiempo: el hombre no está limitado a caminar sobre la tierra y someterse a sus leyes. El hombre es una criatura libre, con dominio sobre lo que lo rodea, sobre esa tierra orgullosa que fue su amo durante tanto tiempo. Y esta libertad es tan intensa que provoca una sonrisa que no cederá ante el paso maduro y digno de la influencia de las causas externas. Porque, tal como decía en parte la respuesta, la libertad es divertida.

Mi avión responde maravillosamente. No le importa tragar combustible en los vuelos a baja altura como una cascada de agua. No le importa que los insectos del bosque se estrellen en pequeñas manchitas de eternidad sobre su parabrisas. Vuela sobre las copas de los árboles porque yo lo deseo así, porque es un avión sensible y que me responde. Porque yo he movido una mano enguantada para darle vida. Porque le pinté un nombre en la sección delantera del fuselaje. Porque lo llamo «él». Porque lo amo.

Mi amor por este avión no nace de la belleza, ya que un Thunderstreak no es hermoso. Mi amor nace del respeto a la calidad de su comportamiento. En esa vida que yo le doy, mi avión espera que yo lo haga volar con esmero y apropiadamente. Me perdonará esos momentos en que le exijo y apremio, si existen razones para hacerlo. Pero, si lo fuerzo a volar continuamente de forma violenta, como no ha sido diseñado para ello, a velocidades extremas, a temperaturas exageradas, con aceleraciones bruscas, con cambios violentos en los controles de vuelo, uno de estos días, con toda frialdad y sin pasión alguna, me matará.

Le tengo mucho respeto y, a su vez, él me respeta. Sin embargo, jamás he dicho, «Aterrizamos», o «Hicimos un blanco perfecto»; siempre digo «Aterricé» o «Hice volar en pedazos a ese tanque». Sin mi avión no soy nada. No obstante, soy yo el que me llevo los aplausos. Y lo que digo no se fundamenta en el egoísmo.

Trepo a la cabina. Con las correas del arnés y del cinturón de seguridad me ato a mi avión (me ato a mis alas, a mi velocidad, a mi poder); uno la manguera del oxígeno a la máscara (puedo respirar en alturas donde el aire es demasiado fino); uno el cable de la radio con el terminal negro que sale de la sección posterior de mi casco (puedo escuchar frecuencias que para otros son impracticables; puedo hablar con un sinnúmero de personas aisladas que realizan trabajos especiales); dispongo las ametralladoras para su funcionamiento (sólo con la presión del pulgar puedo partir en dos un camión de seis toneladas; puedo dejar tumbado de espaldas un tanque de 30 toneladas sólo con tocar el disparador de los cohetes): una de mis manos descansa sobre la palanca de gases y la otra sobre la empuñadura moldeada de la palanca de control y sus botones (puedo volar).

Las grandes alas de aluminio son mis alas; las fuertes ruedas negras son mis ruedas; el combustible en los depósitos es mi combustible que bebo y por medio del cual vivo. Ya no soy hombre. Soy hombre/avión; mi avión ya no es solamente un Republic F-84F Thunderstreak. Es avión/hombre. Los dos somos uno. Y ese uno es el «Yo» que detiene al tanque que mantiene a la infantería oculta en sus trincheras, el que destruye en el cielo a ese hombre/avión enemigo. Es el yo que transporta los documentos del comandante desde Inglaterra a Francia.

Algunas veces, cuando estoy en tierra o tendido sobre un cómodo sofá, me pregunto cómo es posible que yo, estando totalmente despierto, forme parte de un avión, trepe a esa cabina fantásticamente compleja, cumpla con todos los procedimientos y me mantenga alerta durante todo el tiempo que es necesario mientras se vuela en formación con otros aviones, o mientras se realiza una maniobra de combate, o cuando debo apuntar todos los cohetes hacia un blanco determinado. Este pensamiento no me ha abandonado en los largos minutos que tardo en vestirme con el traje-G, en ponerme el salvavidas, en acomodarme dentro de la pequeña cabina. Un letargo pesado me dice: «¿Cómo puedo hacer todo esto correctamente?», y sólo desea replegarse sobre sí mismo y olvidarse de la responsabilidad que significa volar un avión de gran eficacia a través de una ruta definida. Pero uno de los hechos extraños de este juego es que, tan pronto como mis dedos presionan el botón de arranque, el letargo desaparece. Y a partir de ese momento estoy dispuesto a hacer frente a cualquier cosa que requiera la misión. Mi mente se aclara y sólo pienso en lo que se debe hacer. Conozco lo que debo hacer y lo realizo, etapa por etapa, con seguridad, correctamente y con decisión. La sensación de tratar de cumplir con lo imposible desaparece con el contacto entre mi guante y el conmutador y no vuelve a hacerse presente hasta que me encuentro con la guardia baja, despreocupado y descansando antes de emprender el vuelo nocturno. Me pregunto si esta falta de agresividad antes del vuelo es algo común. Jamás le he preguntado a otro piloto si sufre lo mismo y nunca he escuchado el comentario de uno de ellos. Pero, mientras el contacto con el conmutador sea el remedio inmediato, nada me preocupará.

Y, una vez instalado en el avión y con el conmutador apretado, me he preguntado cómo llegué a pensar que el pilotar un avión de combate es algo complicado. No puedo responder. Parece ser que sucedió hace mucho tiempo, antes de encender el motor, antes de llegar a comprender los 24 relojes indicadores, los conmutadores, las manecillas y los selectores. Después de estar sentado durante 415 horas en este pequeño espacio, he llegado a conocerlo bastante bien; y lo que no conozco de él, al cabo de todo este tiempo, no tiene gran importancia. ¿Cuándo comenzó esta sensación de dificultad?

En los espectáculos aéreos, los amigos que nunca han volado me dicen al trepar por la escalerilla amarilla de mi avión: «¡Qué complicado es todo esto!». ¿Querrán dar a entender realmente lo que están diciendo? Es una buena pregunta. Y trato de recordar aquellos tiempos en que no sabía distinguir un alerón de un estabilador. ¿Consideré alguna vez que los aviones eran complicados? Hago retroceder mi mente. La respuesta es sorprendente. Los encontraba terriblemente complicados. Incluso después de haber comenzado a volar, cada avión nuevo, cada avión más grande que el otro me parecía más complicado que el anterior. Pero un hecho tan simple como conocer la finalidad de todo cuanto se halla en una cabina disuelve la palabra «complicado» y la hace aparecer extraña cada vez que la pronuncia alguien para referirse a mi avión.

¿Qué tiene de complejo este panel iluminado con esa luz rojiza y profunda y que se encuentra frente a mí en estos momentos? ¿O las consolas a mi izquierda y derecha? ¿O el juego de botones en la palanca de control? Si es un juego de niños.

Me llevé una gran desilusión el día que aterricé después de mi primer vuelo en el F-84. El Thunderstreak era considerado el mejor avión de la Fuerza Aérea para el combate aire-tierra. Podía transportar más explosivos hasta su blanco que cualquiera de los aviones conocidos. Me sentí herido y desilusionado, porque acababa de pasar quince meses de entrenamiento, estudios, vuelos y prácticas para prepararme a volar en un avión que mi esposa podría pilotar el día que se le ocurriera. Podría acomodarla en la cabina, atarle las correas sobre los hombros, abrocharle el cinturón de seguridad y decirle que la palanca de gases es para volar más o menos rápido, que la palanca de control es para elevarse, descender, virar a la izquierda o a la derecha, que esa palanca es para subir o bajar el tren de aterrizaje. «Oh, y por cierto, querida, para aterrizar debes aproximarte a ciento sesenta nudos.»

Y así desaparece la sensación de que algún día misterioso me despertaré para encontrarme transformado en un superhombre. Mi esposa, que ha trabajado en los últimos quince meses como taquígrafa, podría trepar a esa pequeña cabina y conducir el avión a velocidad supersónica; y, si lo deseara, podría dejar caer una bomba atómica.

Si me separan de mi avión, paso a ser un hombre común y corriente, e inútil además. Como un entrenador sin su caballo, un escultor sin mármol, un sacerdote sin dios. Sin un avión paso a ser un consumidor solitario de emparedados; un tipo más en la fila de clientes frente a la caja registradora con el carro lleno de naranjas, cereales y botellas de leche. No soy más que un hombre de cabello castaño que se esfuerza lastimosamente por vencer los obstáculos para dominar la guitarra.

Pero como el «Roano Pecoso», que sucumbe ante un hombre interior persistente que lo obliga a dominar las cuerdas en E y en A menor, o en B7, también yo dejo de ser un hombre común y corriente cuando ese hombre interior se esfuerza por dominar el material que ama. Y para mí este material tiene una envergadura de ala de 37 pies y 6 pulgadas, una altura de 13 pies y 7 pulgadas. El entrenador, el escultor, el sacerdote y yo, todos tenemos la misma preferencia por las judías verdes y detestamos el maíz con crema. Pero, en cada uno de nosotros, como en cada ser de la Humanidad, subsiste el hombre interior, que vive solamente por el desafío que le presenta su trabajo.

No soy un superhombre; sin embargo, el ser piloto continúa siendo una forma interesante de vivir y me atrapa profundamente la idea de transformarme en una mariposa de acero, sin dejar de ser el mismo mortal que he sido siempre.

No cabe ninguna duda de que los pilotos de las películas son mostrados como superhombres. Es la cámara la que los crea. En la pantalla, en el objetivo de una cámara, uno mira desde fuera del avión y se enfoca la cabina desde el morro, junto a las aberturas de las ametralladoras. Desde aquí, el rugido de los cañones llena la sala de proyección y las llamaradas que salen de las bocas de las ametralladoras son de un metro de largo. Y el piloto no siente miedo y su mirada es intensa y hermosa con esos ojos entrecerrados. Vuela con el visor sobre la frente, para que se le puedan ver los ojos a la luz del sol.

Ésta es la visión que lo transforma en un superhombre, en el valiente piloto, en el héroe, en el invencible defensor de la nación. Desde el otro lado, desde la cabina solitaria, la cosa es muy diferente. Nadie observa, nadie escucha, y el piloto vuela bajo el sol con el visor cubriéndole el rostro.

Yo no veo las aberturas de las ametralladoras ni las llamaradas de color naranja. Aprieto el gatillo rojo que está en la empuñadura de la palanca y mantengo el punto blanco de la mirilla en el objetivo, escucho una especie de pop-pop-pop distante y huelo a pólvora en mi máscara de oxígeno. Ciertamente no me siento como un osado piloto, ya que éste es mi trabajo y lo hago lo mejor que puedo; lo mismo que otros cientos de pilotos tácticos hacen cada día. Mi avión no es un rayo plateado que pasa rugiendo por la pantalla. Más bien permanece inmóvil y quieto a mi alrededor, mientras la tierra pasa girando y a gran velocidad y el trueno es una constante vibración que padezco detrás del asiento.

No estoy haciendo nada fuera de lo común. Todo el público en un cine entiende que este indicador está señalando cuál es la presión hidráulica útil que producen las bombas impulsadas por el motor; saben perfectamente bien que esta manilla selecciona el número de cohetes que deberán dispararse cuando se presione el botón de mando; saben que el segundo botón localizado en esa misma manilla es para comprobar el funcionamiento del radar, que ahora está desconectado porque jamás se usa; saben que el botón que deja caer los depósitos exteriores de combustible está adornado con un amplio círculo a su alrededor, ya que demasiados pilotos lo presionaban por equivocación. El público sabe todo esto. Sin embargo, siempre es entretenido observar los aviones en acción en el cine.

El descanso que produce el hecho de volar es algo que jamás se menciona en las películas o en los anuncios de reclutamiento. Sí, señores, volar en un avión militar de incomparable versatilidad y comportamiento es algo difícil y que requiere de grandes esfuerzos; pero, si ustedes siguen nuestro entrenamiento, se transformarán en personas diferentes, con poderes sobrenaturales que les permitirán pilotar estos monstruos de metal. Hagan la prueba, señores, su país necesita hombres de temple de acero y de gran dedicación.

Quizás ésta sea la mejor forma de plantear el tema. Es probable que, si los anuncios de reclutamiento dijeran: «Cualquier persona que va caminando por la calle, desde ese chico de diez años con sus libros de colegio hasta la pequeña anciana con su vestido negro de algodón, son capaces de pilotar un reactor de combate F-84F», no atraerían exactamente a los novatos que lucen mejor en un anuncio publicitario. Sólo a modo de prueba, la Fuerza Aérea debería entrenar a ese chico de diez años y a la anciana para que realizaran violentas acrobacias y cabriolas en un espectáculo aéreo, con el fin de comprobar que el piloto de combate táctico no es necesariamente el hombre mecánico descrito con tanta frecuencia.

Hay muy poco que hacer. Me quedan otros seis minutos antes de que la ancha aguja del TACAN se mueva sobre su plano para indicarme que el pequeño pueblo francés de Laon acaba de pasar bajo nosotros. Continúo arrastrando el cono de trueno tras de mí, para beneficio de los cerros, de las vacas y, quizá, de algún campesino solitario que camina bajo la noche cubierta de nubes.

Un vuelo como el de esta noche es poco habitual. Normalmente, cuando me acomodo en la cabina de este avión, hay muchas cosas que hacer, ya que mi trabajo consiste en estar siempre preparado para entrar en combate. Cada día de la semana, sin importar el tiempo, si es día de fiesta o si se está fuera de horario de vuelos, hay un grupo reducido de pilotos que se despierta antes que el resto. Son los pilotos de Alerta. Se despiertan y se presentan en la línea de vuelo mucho antes de la hora del amanecer. Y cada día de cada semana, se aparta un grupo reducido de aviones para el escuadrón de Alerta, con sus unidades de potencia esperando bajo las alas. Naturalmente, los aviones están acondicionados para el combate.

Después de los vuelos sin trascendencia en la Guardia Aérea Nacional, al principio es emocionante pasar las primeras alboradas revisando la carga de miles de libras de explosivos de color verde oliva que se adhieren bajo las alas. El procedimiento de Alerta parece algunas veces un juego imposible. Pero los explosivos son reales.

El día transcurre sin novedad. Dedicamos una hora al estudio del objetivo que ya conocemos lo suficiente: los rasgos del relieve, el cerro en forma de cono, el boquete de mina en la ladera del cerro, el cruce de la carretera con la línea férrea, todos esos detalles nos son tan familiares como el viaducto de cien arcos de Chaumont. En nuestras mentes, tanto como en los mapas con el membrete de «secreto», tenemos grabadas la hora, la distancia y la forma de aproximarse al objetivo, como también la altitud de vuelo. Sabemos que nuestro blanco estará defendido lo mejor posible, que nos espera un fuego masivo de artillería que tendremos que penetrar y los finos y mortales dedos de los misiles que trataremos de evitar. Sin embargo, por extraño que parezca, no es el fuego de artillería lo que nos preocupa. Para nosotros, no hay ninguna diferencia en que el objetivo esté defendido desde el techo de cada casa o que esté absolutamente desguarnecido... Si es necesario destruirlo, seguiremos la ruta memorizada y cumpliremos la misión. Si somos atrapados en la pantalla de fuego antiaéreo, sólo se tratará de uno de esos hechos desafortunados de la guerra.

La alarma suena como una mano ruda y poderosa que nos obliga a despertar. Mi habitación está en penumbras. Durante más de un segundo, envuelto aún por la marea del sueño, sé que debo apresurarme, pero no puedo pensar para saber adónde debo dirigirme. Entonces el segundo pasa y mi mente se aclara.

La alarma de Alerta.

De prisa.

Debo ponerme el traje de vuelo, las botas negras con cremalleras, el chaquetón de vuelo de invierno. Me cubro el cuello con una rápida vuelta de la bufanda, salgo dejando entreabierta la puerta de mi desordenada habitación y me uno al correr apresurado de los otros pilotos de Alerta que descienden por la escalera de madera y se dirigen al camión de Alerta. Los barracones de madera de la Base Aérea de Chaumont no alcanzan a dibujar todavía su silueta contra el Oriente sumido en la penumbra.

En medio de la oscuridad del bullicioso camión, se escucha un comentario poco claro:

—Duerme bien, América, que esta noche vela tu Guardia Nacional.

El camión nos conduce hasta los aviones que nos esperan en la oscuridad. El personal de mantenimiento de Alerta nos ha transportado hasta los aviones y las unidades de potencia ya se encuentran tronando con su vida de acero. Trepo por la escalerilla, que es de color verde limón en el día, pero invisible en la oscuridad.

—¡Potencia!

Las luces se encienden en la cabina sin estar protegidas por las pequeñas pantallas que prácticamente anulan su luminosidad durante los vuelos nocturnos. Ahora las luces me muestran las correas del paracaídas y los cinturones de seguridad, las hebillas, el traje-G, las mangueras del oxígeno y los cables del micrófono. Me pongo el casco, la máscara de oxígeno (¿cómo puede ser que la goma tome una temperatura tan baja?) y conecto la radio. Cubro las luces con sus pantallas y hago girar los reóstatos que llenan la cabina de un resplandor sanguinolento.

—Halcón Dos —digo por el micrófono y, si mi jefe de escuadrilla ha sido más rápido que yo en atarse las correas, sabrá que estoy listo para partir.

—Roger, Dos. —Mi jefe es bastante rápido.

No sé si ésta es una alerta verdadera o se trata de una nueva práctica. Prefiero suponer esto último. Ahora me preocupo de las tareas más delicadas de preparación del vuelo: compruebo la posición de los disyuntores, que los dispositivos para las bombas se encuentren en posición de seguridad y que la mira de las ametralladoras esté correctamente adecuada al uso que le vamos a dar.

—Halcón Cuatro.

—Roger, Cuatro.

Reviso las clavijas para averías durante el combate. Enciendo las luces de navegación con su máxima intensidad. Más tarde las cambiaré por una posición tenue cuando nos aproximemos al objetivo.

—Halcón Tres. —Parece que Tres estuvo despierto hasta muy tarde anoche.

—Roger. Tres. Aguzanieves, vuelo Halcón preparado para despegar con cuatro.

En el centro de operaciones de combate se comprueba el tiempo a medida que nos vamos anunciando. Hemos terminado los preparativos para el despegue mucho antes del tiempo máximo permitido, lo que es bastante bueno.

—Halcón, aquí Aguzanieves. La alerta es de práctica. Mantenga alerta en cabina hasta nueva orden.

—Roger.

Hay tanto significado en esta última palabra... El jefe de escuadrilla no sólo ha notificado la recepción del mensaje. Acaba de decir al centro de operaciones de combate que éste es un juego ridículo y estúpido para hombres maduros y, por otra parte, maldita sea, señores, son las tres de la madrugada y es mejor que tengan una orden del cuartel general para esta llamada de alerta, o mañana no van a dormir muy bien, se lo aseguro.

—Lo siento —dice Aguzanieves y luego calla. La orden debe de haber emanado del Cuartel General.

De manera que cierro la cúpula de la cabina y la aseguro contra el marco eternamente frío del parabrisas. Enciendo la luz roja y espero.

He esperado quince minutos para que cancelen la orden de alerta. Y he esperado hasta tres horas, y he descendido torpemente de la cabina después de haber sufrido la tortura perfecta aplicada a los prisioneros recalcitrantes. A éstos se los ayuda a sentarse en un cómodo sillón, con las correas, arneses y cinturones de seguridad debidamente abrochados. Luego se los deja allí. Para los prisioneros incorregibles, esos que realmente son unos buscapleitos, se les meten los pies en unos túneles, lo mismo que los pedales del timón en un avión de un motor, y se les entrega una palanca de control puesta de forma tal que no quede el menor espacio para mover los pies en ninguna dirección. A las pocas horas, estos prisioneros serán unos hombres dóciles, muy tratables y ansiosos de corregir sus faltas.

El sol aún no sale. Esperamos en nuestras cabinas. Me dejo llevar suavemente por ese gran río oscuro del tiempo que corre. Nada sucede. El minutero de mi reloj no deja de avanzar. Comienzo a darme cuenta de ciertas cosas, sólo por hacer algo. Escucho un tic... tic... tic... muy regular, lento, rítmico. Tic... tic... tic... Y encuentro la respuesta. Son las luces de navegación. Sin el rugido del motor y con la cúpula cerrada para evitar el viento, puedo escuchar cómo se abren y cierran los intermitentes que controlan los pestañeos de las luces de las alas y de la cola. Es muy interesante. Jamás me habría imaginado que podía escuchar el ruido que producen las luces al encenderse y apagarse.

En el exterior, sólo se oye el eficiente pocpocpoc de la unidad de potencia. Este aparato es realmente de gran eficacia. Podría estar allí toda la noche y el día siguiente si así fuere requerido, sin dejar de impulsar la energía eléctrica para el funcionamiento de la radio y para mantener la cabina del piloto bañada en la luz escarlata.

Mi avión se balancea suavemente. Pienso que alguien ha trepado a un ala y que desea hablarme; pero no hay nadie. Es el viento, ese viento frío y gentil que ha mecido a esta masa dura del avión. Cada cierto tiempo y con gran suavidad, el viento mueve el avión sobre su tren de aterrizaje. A unos diez metros hacia mi derecha, se encuentra el avión del Jefe de Escuadrilla Halcón. Él también espera, con las luces encendidas y sus propios ruidos silenciosos. La luz rojiza de la cabina se refleja en el casco blanco del piloto, lo mismo que si nos encontráramos a 30.000 pies de altura. La cúpula está cerrada y el aire en el interior es quieto y frío. Desearía que alguien inventara la forma de inyectar aire tibio a la cabina de un avión que espera bajo el frío de una mañana muy de alborada. Puedo sentir cómo el calor de mi cuerpo es absorbido por el metal frío del panel de instrumentos, del asiento eyectable, de los rieles de la cúpula y de los túneles de los pedales. Si sólo pudiera sentir un poco de calor, moverme o conversar con alguien, esta espera no sería tan desagradable.

He hecho un descubrimiento. Esto es lo que se llama Soledad. Cuando uno está encerrado donde nadie puede llegar a conversar, o jugar un rato a las damas o a las cartas, o compartir algún recuerdo gracioso sobre aquella vez en Stuttgart cuando el Número Tres confundió el río Mosela con el Rin... Aislado del exterior. Un camión que conozco por lo ruidoso y escandaloso porque necesita un nuevo silenciador se desliza calladamente por el camino frente a mi revestimiento. La cúpula cerrada me impide escuchar su ruido al pasar. Me sella en el interior con mis propios pensamientos. No tengo nada para leer. No hay nada en movimiento para observar, sólo una cabina en silencio y el tic de las luces de navegación y el poc de la unidad de potencia y mis propios pensamientos.

Estoy sentado en un avión que me pertenece. Los comandantes me lo han entregado sin hacerme preguntas, confiando absolutamente en mi habilidad para controlarlo y conducirlo como ellos desean que lo haga. Tienen confianza en que yo dé en el blanco. Recuerdo unas líneas de un diario mural de la base que leí durante unas maniobras gigantescas hace unas pocas semanas: «Ayer el comandante en acción, al pilotar su avión en una misión de apoyo al Ejército...» El comandante no entró en acción. Fui yo quien entró en acción, en pasadas rasantes de simulacro sobre las tropas y los tanques, tratando de bajar lo suficiente como para que los soldados se lanzaran de cabeza al lodo, pero no tanto como para arrancar de cuajo las antenas de los tanques.

No fue el comandante el que los hizo lanzarse de cabeza.

Fui yo.

¿Egoísmo? Sí. Pero no fue el comandante quien corrió el riesgo de equivocarse y estrellar un avión de 12 toneladas contra el costado de un tanque blindado de 50 toneladas. De manera que soy yo quien está sentado esperando esta Alerta, que si llegara a ser real, haría que yo volviera o no de la barrera de fuego antiaéreo y de los misiles que estarían defendiendo el objetivo. Tienen confianza en mí. Eso parece extraño; que alguien llegue a confiar en otro con tanto valor de por medio. Me entregan un avión sin condiciones ni preguntas y sin pensar en ello dos veces. El número del avión es designado de acuerdo con mi nombre en la lista de pilotos, y soy yo quien lo vuela o se sienta en su cabina y está dispuesto a partir en cualquier instante. Sólo se trata de un número en la pizarra. Pero, cuando me siento en el interior del avión, tengo la oportunidad de darme cuenta de la importancia que reviste este hecho, de lo intrincada que es esta realidad y del poder que me han entregado los comandantes al darme un número junto a mi nombre.

El jefe de la tripulación, con su pesado chaquetón y el casco de acero, aparece súbitamente en la escalerilla de aluminio y golpea suavemente el plexiglás de la cabina. Abro la cúpula, fastidiado por la pérdida del aire quieto aunque escasamente tibio. Recibo una bocanada de aire helado y alzo un poco el casco para poder oírlo. La luz rojiza tiñe su rostro.

—¿Le importaría que esperáramos en el interior del camión? Así podríamos escapar un poco del viento. Avísenos con la luz de rodaje cuando nos necesite.

—Está bien.

Decido disciplinar mi mente y repasar los datos,

tiempos, distancias y altitud de vuelo para llegar hasta el objetivo. Y el enorme y oscuro río del tiempo sigue avanzando lentamente.

Tal como en algunas oportunidades dispongo de largo rato para pensar en tierra, también me sucede lo mismo cuando efectúo un prolongado vuelo de rutina. Así tengo unos momentos para meditar y estar solo con el cielo y mi avión. Esto me hace sonreír. Estar solo con el avión que ha recibido el nombre de «inmisericorde F-84».

He esperado mucho tiempo para volar el avión que no perdona. En alguna parte debe existir ese avión que debe ser conducido exactamente como a uno se le enseña o estrellarse con él, ya que la palabra «inmisericorde» aparece con bastante frecuencia en las revistas que se apilan en los salones de los pilotos. Pero, cuando llego a pensar que el próximo avión que me tocará en suerte volar es de un grado tan elevado de eficacia que realmente será inmisericorde, aprendo a pilotarlo sin dificultad. Llego a conocer sus mañas y su personalidad y, de pronto, se transforma en un avión que perdona, igual que todos los otros. Podría presentar problemas de velocidad crítica en los momentos de efectuar el aterrizaje, pero, al conocernos mejor, descubro que su tolerancia es mayor y que no va a entrar en barrena si lo conduzco a un nudo menos de lo indicado al aproximarme a la pista.

Siempre existe una señal de peligro, y sólo si el piloto no escucha cuál es la señal de su avión podría estrellarse y matarse.

La luz de advertencia de incendio se ilumina poco después del despegue. Puede tener muchos significados: un cortocircuito en el sistema de advertencia de incendio, un ascenso muy agudo a una velocidad más baja de lo indicado, un agujero en la pared de la cámara de combustión, el motor en llamas. Algunos aviones presentan tantas dificultades con sus falsas advertencias de peligro que los pilotos dejan de confiar en ellas, creyendo que una vez más el sistema está fallando. Pero el F-84 no es de estos aviones; generalmente, cuando se enciende la luz es porque el avión está en llamas. Aun así, todavía me queda tiempo para comprobarlo... para desacelerar totalmente, para ascender a una altitud mínima que me permita saltar, para expulsar los depósitos exteriores, para comprobar la temperatura de la tobera de cola, revisar el tacómetro y el flujo de combustible y, por último, para preguntarle a mi compañero de escuadrilla si no le importaría echar un vistazo y avisarme si sale humo del fuselaje. Si estoy realmente ardiendo, tengo algunos segundos para llevar el avión más allá de las casas y luego saltar. Jamás he escuchado que un avión explotara sin previo aviso.

Los aviones a reacción no perdonan en un caso que es común para todos ellos: queman inmensas cantidades de combustible y, si éste se termina, el motor deja de girar. Un avión de transporte de cuatro motores de hélice, con los depósitos llenos, puede volar durante 18 horas sin parar. Los bimotores de carga llevan combustible suficiente para ocho horas de vuelo cuando despegan para un crucero de dos horas. Pero, cuando yo salgo para cumplir una misión de una hora y cuarenta minutos, mis depósitos tienen combustible suficiente para dos horas de vuelo. No tengo por qué preocuparme de dar vueltas en el aire después de terminada la misión, mientras otros aviones aterrizan y despegan.

En algunas ocasiones he llegado a la pista con 300 libras de JP-4 en los depósitos, es decir, lo suficiente para seis minutos de vuelo a la máxima potencia. Si me hubiera encontrado a siete minutos de la pista con esas 300 libras de combustible, no habría llegado con el motor en marcha. Si me hubiera encontrado a diez minutos de la pista, mis ruedas jamás habrían tocado el asfalto nuevamente. Si un avión llega a atascarse en medio de la pista en el momento en que yo me encuentro a punto de aterrizar y con seis minutos de combustible disponible, es mejor que pongan un camión a arrastrarlo o que exista una segunda pista en condiciones. Con toda seguridad llegaré a tierra en los próximos minutos, ya sea con el avión o en paracaídas.

Si a mi avión se le para el motor, no cae como un ladrillo o una roca o un bloque de plomo. Planea suavemente, calladamente, tal como debe hacerlo un avión. Me hago un plan de aterrizaje de emergencia, de manera que las ruedas toquen tierra a partir de la mitad de la pista. Mantengo retraído el tren hasta tener la plena seguridad de que me encuentre a distancia de planeo de la base. Luego, en la aproximación final, cuando ya la pista aparece larga y blanquecina en el parabrisas, bajo el tren de aterrizaje y los flaps, saco los frenos de velocidad y hago funcionar las bombas hidráulicas de emergencia.

Si bien es cierto que es un factor de oculto orgullo el haber apagado el motor después de un vuelo con 200 libras de combustible en los depósitos, la mayoría de los pilotos de combate táctico no avisan a la torre de control antes de haber llegado al nivel de las 800 libras de combustible. La lucecilla roja de advertencia puede estar encendida en el tablero de instrumentos cuando las manecillas marcan las 400 libras, pero el piloto no pedirá aterrizaje de emergencia si no ve que su maniobra va a ser retrasada por algún motivo. Se siente orgulloso de su habilidad como piloto, y una cosa tan insignificante como el hecho de tener sólo ocho minutos de combustible en los depósitos no le causa mayor preocupación.

En cierta ocasión, un piloto de transporte interrumpió mi maniobra de aterrizaje al solicitar emergencia por falta de combustible. Recibió prioridad de inmediato. Yo tenía aún diez minutos de JP-4 en el depósito principal, de manera que no me importó cederle el lugar al inmenso aparato que necesitaba aterrizar urgentemente. Una semana después, supe que el nivel mínimo de llamada de emergencia para un transporte bordea los treinta minutos de vuelo; mi motor podría haberse detenido tres veces antes de que su combustible llegara realmente a un punto crítico.

Siento gran respeto por el hecho de que mi avión quema combustible en grandes cantidades y que cada vuelo termina con los depósitos prácticamente vacíos. Sin embargo, es motivo de orgullo personal que me suceda esto todos los días y, si llego a preocuparme por la cantidad de combustible en los depósitos, es algo que verdaderamente merece atención y cuidado.

Esto de pilotar aviones es casi lo mismo, o muy parecido, a escabullir el bulto en el trabajo. Cuando vuelo sobre las ciudades de Francia o de Alemania a las diez de la mañana, pienso en todas esas personas que laboran por el sustento diario mientras yo arrastro mi columna de vapor condensado libremente y sin esfuerzo sobre sus cabezas. Me siento culpable. Vuelo a 30.000 pies de altura, dedicándome a algo que me llena de satisfacción. Y ellos se encuentran allí abajo, aplastados por el calor y quizá sin sentir alegría por lo que hacen. Pero ésa es su forma de vivir. Si lo hubieran deseado, todos podrían haber sido pilotos de guerra.

Mis vecinos, en Estados Unidos, solían mirarme con cierta condescendencia. Esperaban que madurara de una vez y me dejara de esa tontería de volar. Esperaban que algún día me diera cuenta de la realidad de la vida y que, al fin, con un sentido práctico de las cosas, abandonara la Guardia Nacional y pasara los fines de semana en casa. Les ha sido muy difícil comprender que seguiré volando mientras la Guardia necesite hombres para sus aviones, mientras exista una Fuerza Aérea al otro lado del océano que mantenga un entrenamiento continuo para la guerra. Mientras yo crea que mi país es un lugar maravilloso para vivir y que debe tener siempre la oportunidad de seguir siendo un lugar maravilloso para vivir.

Las cabinas de esos pequeños puntos plateados que van a la cabeza de un largo rastro blanco no sólo están ocupadas por gente joven y poco práctica. Son muchos los pilotos veteranos que siguen en ellas; pilotos que volaron en los Jugs, en los Mustangs, en los Spitfires y en los Messerschmitts de una guerra que ocurrió hace tiempo. Incluso los pilotos de los Sabre y de los Hog de Corea tienen la suficiente experiencia como para que se los llame «veteranos». Hoy día son ellos los comandantes de los escuadrones operativos americanos en Europa. Pero cada día el porcentaje varía ligeramente y la mayoría de los pilotos de línea de los escuadrones de combate de la OTAN no han estado realmente en una guerra.

Sutilmente se deja entrever que este hecho no favorece a nadie; que los pilotos de los distintos frentes no tienen la experiencia suficiente. Pero la única diferencia que existe es que, desde la guerra de Corea, los pilotos no llevan medallas de combate en sus uniformes de paseo. En vez de disparar contra convoyes cargados de tropas enemigas, disparan sobre convoyes que imitan la realidad, o realizan pasadas rasantes sobre los convoyes de la OTAN durante las maniobras de guerra efectuadas a pocas millas de distancia de las alambradas que separan Occidente de Oriente. Y que pasan horas y horas en los campos de tiro.

Nuestro campo de tiro está configurado por una reducida extensión de árboles, pastizales y polvo, localizada en el Norte de Francia. En ese lugar se levantan ocho paneles de lona en sus marcos de madera y cada uno pintado con un gran círculo negro. Los paneles están bajo el sol y esperan.

Yo soy uno de los cuatro pilotos de guerra a quienes se les llama aviones de Rebote. Llegamos al campo de tiro en formación cerrada en Ala a la Izquierda. Pasamos a unos cien pies sobre la tierra seca y cada uno de los pilotos del vuelo de Rebote conduce su avión con gran concentración. El Jefe de Rebote se preocupa de dar esta última vuelta con suavidad, manteniendo su velocidad a 365 nudos, elevándose ligeramente para evitar que el Rebote Cuatro se estrelle contra el cerro que bordea el campo, calculando el punto donde va a romper formación en vuelo ascendente para indicarles el circuito de ataque a los aviones que les seguirán en la maniobra.

Rebote Dos va preocupado de volar lo más suavemente posible, de manera que Tres y Cuatro puedan seguir la formación sin dificultades.

Rebote Tres sólo debe seguir al Jefe y a Dos, cuidando de mantener un vuelo estable para que Cuatro pueda mantener la formación.

Y, como Rebote Cuatro, yo sólo me preocupo de mantenerme en formación y nada más, con el fin de presentar un bonito espectáculo al oficial de tiro que se encuentra en la torre de observación. Soy plenamente consciente de que los otros tres aviones en vuelo están haciendo todos los esfuerzos posibles para facilitar mi acción y que, en agradecimiento a su consideración, debo volar suavemente para que los aplausos se los lleven ellos. Cada avión vuela un poco más abajo que el Jefe, y el número Cuatro es el que va más cerca del suelo. Pero distraerse medio segundo en echar una mirada abajo es ser un mal piloto. Un compañero de formación debe tener fe ciega en su jefe de escuadrilla. Si en estos momentos el Jefe de Rebote no corrige su altura levemente para superar el cerro, mi avión se convertirá súbitamente en una nube de polvo, fragmentos de metal y rojas llamaradas. Pero tengo gran confianza en el hombre que hace de Jefe de Rebote. Corrige la formación unas pulgadas para evitar el cerro y mi avión pasa sobre él como si se tratara de un valle. Yo mantengo la formación que se supone debo seguir y confío en el Jefe.

Como Rebote Cuatro, mi posición es la más baja y hacia la izquierda, de manera que puedo ver a través de la formación y alinear los cascos blancos de los otros tres pilotos. Eso es todo lo que debo ver y todo lo que debe preocuparme: los tres cascos y los tres aviones en una sola línea recta. No importa lo que haga la formación, me mantendré en mi posición cuidando que los tres cascos blancos sigan en una sola línea. La formación se eleva, se zambulle, se aparta violentamente de mí, se me aproxima a toda velocidad; mi vida entera se dedica a hacer todo aquello que es necesario realizar con la palanca de fases, la palanca de control y los pedales del timón, para mantener la formación y los cascos en una línea recta.

Estamos sobre los paneles de tiro y la radio cobra vida:

—Jefe de Rebote rompe formación a la derecha.

La voz familiar que conozco tan bien; la voz, las palabras, el hombre, su familia, sus problemas, sus ambiciones. En estos instantes es un fulgor de ala plateada que se levanta y se aleja para dar comienzo a una maniobra de tiro que tiene por finalidad desarrollar la destreza en un tipo muy especial de destrucción. Sólo me restan dos cascos por mantener alineados.

Cuando el Jefe se aparta, Rebote Dos pasa a ser el jefe de formación. Su casco se inclina hacia delante mientras observa al primer avión que se aleja y comienza a contar. ¡Mil uno, mil dos, mil... fuera! Rebote Dos desaparece con su propio fulgor plateado del ala metálica y a mí me queda la tarea maravillosamente simple de mantener formación con sólo un avión. Y su piloto, en estos momentos, ya se encuentra con la vista levantada en pos del otro avión. ¡Mil uno, mil dos, mil... fuera! El resplandor del ala se vuelve a repetir con el Tres, a unos pocos pies de mi propio avión. Me quedo volando solo.

Mi cabeza se adelanta para seguir al Tres con la mirada y comienzo a contar. Mil uno. Hoy es un día realmente hermoso. Se ve alguna que otra nube y los blancos se destacarán con toda claridad. Es agradable relajarse después de estar en formación. Sin embargo, creo que he hecho un buen trabajo. Dos y Tres volaron suavemente. Mil dos. Esta mañana no hay viento. No tendré que preocuparme de los violentos cabeceos al apuntar la mirilla sobre los blancos. Hoy debería ser un día con un alto porcentaje de impactos. Veamos. El visor está en posición y asegurado. Más tarde revisaré el dispositivo de funcionamiento de la ametralladora, junto con los otros indicadores y conmutadores. Es un lugar bastante solitario si se tiene que saltar en paracaídas. Apuesto que no hay un pueblo en quince kilómetros a la redonda. ¡Mil... fuera!

Bajo mi guante derecho la palanca de control se inclina violentamente hacia la derecha y luego hacia atrás y el horizonte desaparece de mi vista. Mi traje anti-G se infla y me presiona con fuerza sobre las piernas y el estómago. Siento peso en el casco, pero en una forma que me es conocida y no me causa desagrado. Los cerros verdes pivotan frente a mí y escudriño el cielo azul y brillante en busca de los otros aviones en su patrón de ataque.

Allí están. El Jefe de Rebote es una pequeña mancha movediza a tres kilómetros de distancia que gira en su maniobra de aproximación final, casi a punto de comenzar su primera pasada de tiro. Dos es una mancha ligeramente más grande y más abajo que sigue al Jefe a un kilómetro de distancia. Tres comienza a girar para seguir a Dos; está ascendiendo a unos 300 metros más arriba que yo. Y allí abajo se extiende la claridad del campo de tiro, donde se divisan unos puntos insignificantes que son los paneles abrasados por el sol. Tengo disponible todo el tiempo del mundo.

Mi guante izquierdo toca el dispositivo de disparo y el gatillo aparece bajo su cubierta de plástico rojo. Libero el visor de su seguro y lo pongo en cero grados de depresión. Mi dedo índice derecho baja el conmutador del circuito de disparo. Con mi guante izquierdo hago girar la gruesa y negra palanca para fijar el alcance computado del visor en los 1.000 pies. Cambia la firmeza de mi mano sobre la palanca de control.

Ahora que el disparador se encuentra preparado, que el circuito de disparo está dispuesto para la acción, vuelo en formación con mi mano descansando naturalmente sobre la empuñadura. El dedo índice derecho se apoya ligeramente sobre el gatillo rojo que sobresale por delante del plástico moldeado. Ahora que las ametralladoras están a punto de disparar, el dedo se extiende recto en dirección al panel de instrumentos, en una posición extraña pero necesaria, evitando que el guante toque el gatillo. El guante se mantendrá alejado del gatillo hasta que yo conduzca el avión en un viraje descendente, haciendo que el punto blanco de la pantalla del visor coincida exactamente sobre el punto negro pintado en el panel de tiro.

Ha llegado la hora de efectuar las últimas correcciones a mi propia actitud. Digo a ese público que se encuenta tras mis ojos que hoy voy a disparar mejor que nadie en este vuelo; que al menos pondré el 70% de los impactos en el negro de los paneles y que el 30% restante quedará repartido en el color blanco de la lona. Repaso mentalmente una buena maniobra de tiro. Veo que la mancha negra crece bajo el punto blanco de mira. Veo que el punto blanco se mantiene inmóvil sobre el color negro. Siento que el dedo índice derecho comienza a curvarse sobre el gatillo. Ahora veo que el punto blanco se encuentra justo en el centro del negro del panel. Escucho el ruido apagado e inofensivo de las ametralladoras que disparan sus balas calibre 50, cubiertas de cobre. Y veo que el polvo se levanta en nubecillas tras el panel de tiro. Buen trabajo.

Pero... cuidado. Debo tener cuidado durante los últimos segundos de la pasada rasante de tiro. Que no vaya a prolongar demasiado la ráfaga sobre la lona. Por un instante recuerdo, como lo hago siempre antes de comenzar la primera maniobra de tiro del día, a aquel compañero de habitación en nuestros tiempos de cadete. Dejó que su entusiasmo se apoderara de él durante unos segundos y su avión y el panel de tiro se confundieron y aplastaron contra el suelo. Ésa no es una buena forma de morir.

En la aproximación final aplico un 96% de potencia al motor y subo la velocidad a 300 nudos, mientras observo la maniobra de Tres sobre su objetivo.

—Rebote Tres dentro.

Y la silueta del F-84 se zambulle.

Es interesante observar una maniobra de tiro desde el aire. No se escucha el rugido del avión que ataca al aproximarse a su blanco. Y de pronto un humo gris y silencioso brota de las aberturas del cañón que asoma por la nariz del avión, dejando un rastro fino que marca el ángulo de su descenso. El polvo del suelo comienza a esparcirse por el aire mientras el avión se aleja y una nube densa y marrón se levanta en la base del blanco cuando ya se encuentra a gran altura.

El único blanco que permanece intacto es el panel número cuatro.

El panel de advertencia en tierra, junto a la torre de observación, muestra el color rojo hacia abajo y el blanco hacia arriba. El campo de tiro queda a mi disposición. Observo esto y continúo en mi aproximación final, en ángulo recto con respecto al objetivo. Hacia mi derecha, el panel se encuentra a casi dos mil metros de distancia. Se aleja suavemente. Está a uno cero cero. Está a uno treinta. Reviso el dispositivo de disparo. Está a dos cero cero. Bajo mi mano, la palanca de control se inclina violentamente a la derecha, el avión gira como un animal aterrorizado y el cielo se torna gris con la fuerza de gravedad de la maniobra. Y el traje-G se llena de aire que me comprime el cuerpo. Bajo la cúpula de la cabina la tierra se balancea y pasa borrosamente. Es el comienzo de una buena maniobra de ataque. Mi pulgar izquierdo presiona el botón del micrófono.

—Rebote Cuatro dentro.

En acción. El blanco se distingue claramente y las ametralladoras están a punto de disparar. La velocidad es de 360 nudos durante el picado y mis alas se nivelan nuevamente. En la pantalla aparece un pequeño rectángulo de lona blanca con un punto negro en el centro. Espero. El punto blanco que muestra en la pantalla dónde van a converger mis disparos se balancea ligeramente mientras se recupera del violento viraje que ha dado comienzo a la maniobra de tiro. Se estabiliza y toco ligeramente la palanca de control hacia atrás, continuando siempre en el descenso, de manera que el punto blanco cubra el rectángulo del objetivo. Y, tal como esperaba, el panel comienza a transformarse rápidamente en diferentes motivos: es un tanque enemigo que espera sorprender el paso de la infantería; es un cañón antiaéreo que ha dejado caer su camuflaje; es una locomotora negra y humeante que transporta víveres al enemigo sobre una angosta línea. Es un centro de distribución de municiones. Es una fortificación. Es un camión que arrastra un cañón. Una barcaza en el río. Un carro blindado. Un rectángulo de lona blanca con un círculo negro pintado en el centro. Espera, espera. Y de pronto crece de tamaño. El punto se transforma en un disco. Esto es lo que ha estado esperando el punto blanco de la pantalla. Mi dedo se cierra ligeramente sobre el gatillo rojo. Una cámara comienza a funcionar cuando el gatillo se encuentra a mitad de camino. Las ametralladoras comenzarán a disparar sólo cuando el gatillo complete su recorrido.

Los cañones se escuchan en el morro del avión como una pistola de remaches terminando su trabajo sobre una plancha de acero; nada de ruidos atronadores que hieren los oídos dentro de la cabina. Sólo un tut-tut-tut ligeramente destacado, mientras bajo mis botas las cápsulas de bronce vacías y calientes caen en depósitos especiales de metal. A mi máscara de oxígeno llega el olor de la pólvora y me pregunto cómo es posible que pueda penetrar en una cabina que se supone que está totalmente sellada y a presión.

Observo el blanco en tierra como si se tratara de una cámara lenta. Se encuentra quieto y sereno porque aún no lo han alcanzado las balas. Éstas se hallan en camino, en alguna parte del espacio entre las negras aberturas de los cañones en el morro del avión y el polvo recalentado del campo de tiro. Antes solía pensar en la velocidad de las balas y ahora espero con impaciencia sus impactos en la tierra para verificar el visor. El dedo se separa del gatillo; una ráfaga de un segundo de duración es suficiente. Y allí se levanta el polvo.

La tierra se aparta y comienza a elevarse en el aire. El polvo surge a pocos pies delante del panel, pero esto significa que muchas balas encontrarán su camino en el punto de convergencia indicado por el punto blanco del centro del visor. El polvo aún se levanta del suelo cuando mi guante derecho tira hacia atrás de la palanca de control y mi avión asciende siguiendo el patrón de vuelo adecuado. Y, cuando mi avión y su sombra pasan raudos sobre el rectángulo de lona, esas balas, que son capaces de transformar una espléndida carretera de cemento en guijarros impasibles, todavía silban en el aire y llueven sobre el polvo.

—Rebote Cuatro fuera.

Me inclino hacia la derecha siguiendo el circuito de vuelo y giro la cabeza para observar el blanco. Ahora ya está quieto y la nube de polvo se aparta hacia la izquierda, impulsada por el viento, cubriendo el panel número Tres con una tenue neblina marrón.

—Jefe de Rebote dentro.

He disparado demasiado bajo, impactando antes del blanco. Y con eso se alejó mi 100%. La próxima vez tendré que elevar ligeramente el punto blanco, justo en la parte superior del disco negro. Sonrío ante esa idea. No es muy común que la atmósfera se encuentre tan serena como para que pueda poner el punto blanco unas pulgadas más arriba o más abajo del centro del disco negro. Generalmente cumplo un buen trabajo si logro mantener el punto blanco del visor dentro del panel. Pero hoy es un magnífico día para la práctica de tiro. Que los tanques se cuiden de salir en un día sereno.

—Rebote Dos dentro.

—Jefe fuera.

Observo al Dos y en el plexiglás de la cúpula se refleja mi imagen; realmente me parezco a un marciano. Con ese casco blanco y el visor ligeramente curvado como si se tratara de un Hombre del Espacio. La verde máscara de oxígeno que cubre aquella parte del rostro que deja libre el visor y la manguera del oxígeno que cae hasta desaparecer de la vista. No hay ningún indicio que permita creer que, tras todos esos aparejos, exista una criatura viva y pensante. La imagen observa a Rebote Dos.

Allí están las nubecillas grises que brotan de las aberturas de los cañones en el morro del avión. El panel se halla quieto y esperando como si pasara un año antes de captar un movimiento. De pronto surge la densa fuente de polvo. Hacia la izquierda del panel, una rama seca salta como si cobrara vida y se eleva en el aire. Sus extremos giran lentamente, cambiando después del primer momento a esos movimientos calmados tan familiares de las cosas que son sorprendidas por la lluvia de balas de las ametralladoras. Da dos vueltas completas sobre la fuente para luego hundirse graciosamente en la densa nube de polvo. La carretera de asfalto queda hecha guijarros y la rama seca no sufre el menor daño. Esto debería tener su moraleja.

—Dos fuera.

El humo desaparece de las aberturas de los cañones. El avión apunta su nariz ovalada hacia el cielo y se aleja rápidamente del blanco.

—Tres dentro.

¿Cuál es la moraleja de la rama seca? Pienso en ello y viro violentamente para entrar en la maniobra de aproximación final, mientras reviso el visor y el dedo índice derecho apunta recto hacia el altímetro. ¿Cuál es la moraleja de la pequeña rama?

Brotan las columnas de humo gris de las aberturas de la suave nariz de aluminio del Rebote Tres. Yo observo su maniobra.

No hay moraleja. Si el blanco fuera una pila de ramitas, la lluvia de cobre y plomo la dejaría transformada en una alfombra de astillas. Ésta fue una ramita con suerte. Si eres una ramita con suerte, puedes sobrevivir a cualquier cosa.

—Tres fuera.

El panel de seguridad se torna blanco, el dispositivo de disparo está preparado y la palanca de control se inclina violentamente hacia la derecha bajo mi guante; mi avión gira como un animal aterrorizado, el cielo se torna gris bajo la presión de la brusca maniobra y el traje-G se llena de aire atrapándome bajo su presión.

Cuando vuelo en mi avión, nunca he tenido tanta prisa como para dejar de pensar. Incluso durante el circuito de ataque, cuando la aguja que marca la velocidad indica los 370 nudos y el avión pasa rasante a pocos pies de altura, la mente sigue trabajando. Cuando los hechos suceden en fracción de segundos, no es la mente la que cambia, sino los hechos. Estos caen obedientemente en la lentitud de movimientos cuando hay necesidad de seguir pensando.

Mientras vuelo esta noche, navegando con el TA-CAN anclado firmemente al transmisor de Laon, tengo suficiente tiempo para pensar y cortésmente los hechos se amplifican, de manera que sólo transcurrirán siete minutos desde el momento que deje la solitaria región de Abbeville y comience a actuar el transmisor TA-CAN en Laon, Francia. El tiempo no pasa para mí mientras vuelo. El tiempo me pasa a mí.

Los cerros desaparecen en la distancia. Una capa sólida de nubes negras se extiende entre la Tierra y mi avión hasta unos mil pies de distancia de este último. La Tierra está oculta, pero en mi vehículo de acero, aluminio y plexiglás, continúo mi ruta y las estrellas brillan fulgurantes en el cielo.

Bajo la luz rojiza de la cabina, junto a la consola del radiogoniómetro, se distinguen cuatro perillas, un selector y una palanca giratoria que parece un asa de cafetera. Hago girar la palanca. Este artefacto resulta tan pasado de moda en un reactor como un teléfono a magneto en un centro de investigación atómica. Si todo estuviera en silencio y yo no llevara el casco puesto, quizás habría podido escuchar el quejido lastimoso de la palanca al girar. Hago funcionar la palanca, imaginándome el chirrido, hasta que la aguja que marca la frecuencia descansa sobre el número 344, que es la frecuencia del radiofaro de Laon.

Subo el volumen. Escucho. Giro un poco la palanca

hacia la izquierda, un poco a la derecha. Estática y más estática. Una pausa. Estática. Escucho el L-C. Da-di-dadi... Di-da-di-di... Eso es. Mi guante derecho cambia la posición del selector de antena a goniómetro, mientras que el izquierdo se encarga de la poco acostumbrada tarea de sostener la palanca de control. La fina aguja verde y luminosa del radiogoniómetro salta majestuosamente desde el fondo hasta la cumbre del cuadrante (una corrección del TACAN) y el radiofaro de Laon está localizado. Un pequeño ajuste con la palanca de sólo un octavo de pulgada y el radiogoniómetro queda anclado en Laon. Bajo el volumen.

El radiofaro de Laon es un lugar solitario. Surge solo entre los árboles y los cerros fríos de la mañana y entre los árboles y los cerros recalentados de la tarde. Envía su L-C al aire, bien para que un piloto pueda captar su mensaje o simplemente para ser escuchado por un cuervo solitario. Pero es fiel y siempre está presente. Si el cuerpo contara con un radiogoniómetro, podría encontrar sin dificultad el camino que lo conduciría a la torre que emite el L-C. Cada cierto tiempo se acerca un grupo de técnicos a la torre del faro para revisar su voltaje y cambiar algunas piezas. Y luego se alejan, dejando nuevamente a la torre en su soledad, y regresan por el mismo camino agreste por el cual llegaron.

En estos momentos, el acero de la torre está frío bajo la noche y el cuervo duerme en su guarida entre las rocas del cerro. Sin embargo, las letras codificadas están despiertas y vivas y esto me causa alegría, porque la navegación marcha perfectamente.

La gruesa aguja del TACAN comparte el mismo

cuadrante de la aguja del radiogoniómetro. Y ahora, en su trabajo conjunto, me indican que Laon está bajo el avión. La aguja del radiogoniómetro es la más activa. Salta y se estremece con sus vibraciones electrónicas, como si se tratara de un microorganismo extraído de las profundidades del mar y puesto bajo el microscopio. Brinca a la izquierda y a la derecha; se detiene en la cumbre del cuadrante y luego oscila con arcos cada vez más amplios. De pronto, con un movimiento decisivo, gira en dirección de las manecillas de un reloj y apunta hacia la base del cuadrante. El radiofaro de Laon ha quedado atrás. La aguja del TACAN gira perezosamente unas cinco o seis veces en torno del reloj y finalmente sigue el mismo camino de su nerviosa compañera. Definitivamente ha dejado atrás Laon.

Esa parte de mi mente que ha prestado seria atención a las clases de navegación ordena a mi guante que incline levemente la palanca de control hacia la izquierda. Y la multitud de instrumentos que se encuentran en el centro del panel cobran vida al darse cuenta de la importancia de mi actitud. El giro direccional se mueve hacia la izquierda sobre sus lubricados soportes. El bastón que señala regímenes de viraje se inclina un cuarto de pulgada a la izquierda. El avión en miniatura baja el ala izquierda ligeramente en relación con la luminosa línea del horizonte. La aguja que marca la velocidad disminuye en un nudo; las agujas del altímetro y de la velocidad vertical caen durante un segundo, hasta que me doy cuenta de su conspiración y añado esos grados de presión que requieren mediante un movimiento de mi guante derecho. Ese par de errantes vuelve a ponerse en línea.

Una vez más regreso a la rutina. Me dispongo a transmitir el informe de posición, con el pulgar junto al botón del micrófono.

Aun cuando las nubes casi alcanzan mi nivel de vuelo y su color es cada vez más oscuro, parece que el meteorólogo ha equivocado su pronóstico nuevamente, ya que no he observado un solo relámpago desde que crucé el Canal. Si sobre Francia se cierne el mal tiempo, esta noche ha cuidado mucho... de ocultarse lo mejor posible. No me preocupa. Dentro de cincuenta minutos más habré aterrizado en Chaumont con mi preciosa carga de documentos.

3

Control Francia, reactor de la fuerza aérea Dos Nueve Cuatro Cero Cinco, Laon.

Hasta los suaves auriculares llega el sonido de la estática. Espero. Quizá mi llamada ha pasado desapercibida.

—Control Francia, Control Francia, Reactor Dos Nueve Cuatro Cero Cinco, cómo se recibe en frecuencia tres uno siete punto ocho.

No hay respuesta.

No es raro que una radio se descomponga en pleno vuelo, ya que estos aparatos son bastante temperamentales. Pero no es una sensación muy agradable la de volar de noche sobre las nubes sin tener un medio de comunicación con las personas en tierra. Mi guante se mueve hacia la derecha, en busca del selector de frecuencia de la radio de UHF. No pierdo el tiempo en revisar su trabajo, ya que sólo consiste en cambiar de posición una palanca, desde *manual a automático*. Un indicador en el panel de instrumentos comienza a jugar a la ruleta con los números en unas pequeñas ventanillas, hasta que finalmente se decide por el número 18. Éste aparece en cifras rojas e iluminadas. Con ese movimiento de palanca, he quedado en contacto con otras personas, distantes de la ocupada estación del Centro de Control francés, que se encuentran en los parajes callados y pastoriles del Radar de Calva. Reconozco que el ejemplo no es muy bueno, ya que las estaciones de radar son lugares más reducidos que los centros de control de tráfico y, por lo tanto, están muchísimo más ocupados y cargados de trabajo. Sin embargo, cada vez que llamo a una central de radar me siento más tranquilo y me imagino una pequeña construcción de ladrillos rojos en medio de un campo de verdes pastos, con una vaca que se alimenta a poca distancia.

—Radar Calva, Radar Calva, Reactor de la Fuerza Aérea Dos Nueve Cuatro Cero Cinco, cómo se escucha en el canal uno ocho.

Hay una posibilidad entre tres de que la UHF trabaje en esta frecuencia, si antes no dio resultado con el Control Francia. Cerca de la caseta de ladrillos, la vaca duerme apaciblemente, destacándose como una escultura negra contra el pasto. Una luz brilla en la ventana de la casa y la sombra de una persona se recorta contra el cristal al acercarse al micrófono.

—... ero cinco... ¿usted... ado... Calva?

Definitivamente la UHF se está quedando fuera de servicio. Pero, aun cuando deje de funcionar, se mantiene la orden de seguir volando al nivel 330 hasta Chaumont y no apartarme del circuito de vuelo indicado por el TACAN. En ocasiones como ésta, siento deseos de tener en el avión otro aparato de radio. Pero el F-84F fue construido para el combate, no para hablar, y debo conformarme con lo que tengo a mano.

—Radar Calva, Cuatro Cero Cinco no pudo entablar comunicación con Control Francia. Pasé sobre Laon a la una cero. Nivel de vuelo tres tres cero, de acuerdo con instrucciones. Estimo pasar sobre Spangdahlem a las dos ocho, Wiesbaden.

El intento es casi una locura. Como un disparo en la noche. Pero, al menos, la información ha sido transmitida y he cumplido con las instrucciones. Escucho la bajada del botón del micrófono de Calva.

—... ¡neo... orme... ste apariencia... surge punto cero...

Calva me está sugiriendo otra frecuencia, pero cuando llegue a comprender la totalidad de su mensaje ya me encontraré a tal distancia que sus noticias dejarán de tener importancia. Enviar un informe de posición en estas condiciones es como tratar de comunicar un mensaje a gritos a través de un huracán; es difícil y frustrante. Transmito una vez más mi informe, para cumplir con los reglamentos; vuelvo la palanca a su posición de *manual* y me olvido de todo el asunto. Mala suerte. Me habría gustado conocer el último informe meteorológico sobre mi ruta de vuelo, pero, simplemente, habría sido mucho más difícil tratar de pasar mi mensaje, por no mencionar el hecho de recibir una respuesta al mismo. En todo caso, el estado del tiempo sólo tiene un interés académico. Lo único que podría hacerme desistir de la misión que tengo encomendada sería el conocimiento de la existencia de un frente de tormenta con fuertes turbulencias y gran cantidad de hielo hasta los 40.000 pies de altura.

Miro sobre mi hombro izquierdo mientras viro para tomar la dirección de Spangdahlem.

Se ha formado una estela de condensación tras la cola del avión.

Un túnel retorcido de vapor espeso, gris y brillante a la luz de las estrellas, me sigue como la espuma levantada por una lancha de alta velocidad. Queda marcado el rumbo que he seguido. Estas estelas están claras y precisamente explicadas en los textos de física atmosférica, por esos hombres que trabajan con globos y diagramas de las condiciones climáticas a grandes alturas.

Las estelas de condensación son como las mariposas. Si lo deseo, puedo encontrar páginas y páginas de explicaciones sobre ellas en las revistas y libros especializados. Pero, cuando tengo una a mano, cobra vida por sí misma, cierta mística y una luminosidad grisácea. Mientras viro, observo la estela y veo sus ondulaciones en los lugares en los que efectué las ligeras correcciones para mantenerme en el nivel de vuelo 330. Se parece a una gran ola que rompe sobre la arena de la playa. De esas olas que gustan a las personas que no buscan demasiada acción. Por allí pasé. No hay una sola gota de aire más allá de ella que pueda haber sentido mi paso. Si así lo quisiera, ahora podría regresar y volar exactamente por el mismo aire que crucé poco antes. Y estoy solo. Hasta donde me alcanza la vista, lo que no es poco, no veo otra estela en el cielo. Soy la única persona en el mundo que esta noche vuela sobre las nubes en los centenares de millas cúbicas que configuran el espacio de las alturas entre Abbeville y Spangdahlem. La sensación es de bastante soledad.

Pero debo realizar algunas tareas. Me dirijo nuevamente hacia la palanca en forma de asa de cafetera. Los chirridos se suceden hasta dar con la frecuencia 428.

Subo el volumen. Estática. Y esta vez no cabe duda; no hay error posible. Una S, una P y una A. Una ciudad con sus miles de habitantes, con las alegrías y dificultades que comparten conmigo. Personas. Estoy solo y a seis millas sobre su tierra, y su ciudad ni siquiera trasluce un leve reflejo gris a través de la gruesa capa de nubes. En los auriculares, su ciudad es una S, una P y una A. Su ciudad es el extremo de la aguja en la cumbre del cuadrante.

La perilla del selector de frecuencia del TACAN gira hasta el canal 100 bajo mi guante derecho y, después de unos instantes de vacilación, el moderno indicador, de suaves movimientos, se traslada hasta que señala las 110 millas que me separan de la estación de Spangdahlem. Aparte del fallo de la radio UHF, mi vuelo ha transcurrido con bastante calma. En los cerros de nubes que se levantan a mucha distancia hacia mi derecha se observa un ligero resplandor, como si alguien tuviera problemas con un gigantesco soplete de soldar. Las distancias en la noche son muy engañosas y el resplandor podría estar sobre cualquiera de cuatro países.

Como piloto, he viajado y visto millones de kilómetros cuadrados de tierra y nubes sobre la tierra. Como piloto veterano de la Guardia en Europa, mis ruedas han tocado centenares de millas de asfalto y hormigón de las pistas de aterrizaje en siete países. Puedo decir que he visto más del continente que muchas personas. Sin embargo, para mí, Europa es un lugar tan diferente como lo es para ellos. Es un país dibujado, ancho y profundo bajo el sol, arrugado al Sur por los

Pirineos y al Este por los Alpes. Es un país sobre el cual alguien ha desparramado un saco de aeropuertos. Y estos son los que estoy buscando.

Francia no es la Francia de las tarjetas postales ni de la publicidad turística. Francia es la Base Aérea de Étain, la Base Aérea de Chateauroux, de Chaumont y Marville. Es los retazos de París junto a su amado río. Retazos que fluyen como lava cristalizada en torno de las carreteras que unen el aeropuerto de Orly con Le Bourget. Francia es la repetición de caminar sobre el hormigón en dirección a la Base de Operaciones y, al caminar, ser consciente de las pequeñas aldeas que se reparten más allá de la cerca y por los cerros.

Europa es un lugar tremendamente pequeño. Desde los 37.000 pies sobre los Pirineos, puedo ver el frío Atlántico en Burdeos y las playas de la Riviera francesa en el Mediterráneo. Puedo ver Barcelona y, en medio de la niebla, Madrid. En treinta minutos puedo llegar a Inglaterra, Holanda, Luxemburgo, Bélgica, Francia y Alemania. Mi escuadrilla vuela sin escala hasta el norte de África en dos horas y media; patrulla las fronteras entre Oriente y Occidente en Alemania; puede pasar el fin de semana en Copenhague. De manera que ésta fue la escuela para la Humanidad. Una escuela con un patio muy pequeño.

Pero son muy pocas las oportunidades que tengo de apreciar visualmente este colorido sello que es Europa, pues la mayoría de las veces la Tierra está cubierta de inmensas capas de nubes, océanos de blanco y gris que se extienden sin interrupción de horizonte a horizonte. Es el clima en Europa, como en Estados Unidos, el que me recuerda que, aun cuando puedo pasar sobre un continente de un solo salto, no soy el dios que a veces llego a creerme. Algunas nubes, en pleno verano, sobrepasan a mi avión hasta los 50.000 pies de altura. Otras se forman y bullen a mayor velocidad de la que mi avión puede ascender. La mayoría de las veces estoy en lo cierto cuando me refiero a mi máquina como un avión que pasa sobre la meteorología. Pero las nubes son centinelas que no les quitan el ojo de encima a los hombres arrogantes. Con bastante frecuencia me hacen recordar cuál es mi verdadera estatura.

Unos días, las masas circulantes de cúmulos blancos pueden ocultar turbulencias de increíble suavidad que se interponen en mi ruta. Pero, otros días, puedo penetrar en el mismo tipo de nube y salir de ella sinceramente agradecido al inventor del casco protector. No importa lo firme que pueda ser el cinturón de seguridad y el arnés que sujeta los hombros. Sólo dependerá de unas pocas nubes que mi casco pueda partirse en dos contra la cúpula de la cabina, o que se doblen las aceradas alas que un día llegué a jurar que nada podría forzarlas una pulgada de su posición.

Me preocupó un tiempo el aspecto de algunas nubes, pero he llegado a aprender que, si bien es cierto que el casco puede aplastarse contra la cúpula de la cabina, sus turbulencias raramente son capaces de dañar gravemente a un avión de combate. De vez en cuando leo la noticia de que un aparato perdió su parabrisas o el protector del radar, o que fue impactado por uno o dos rayos. Estos hechos son debidamente informados y fotografiados en detalle para las revistas de los pilotos. Algunos aviones se han enfrentado a una mala meteorología, a fuertes tormentas eléctricas, y días o semanas más tarde han sido encontrados esparcidos en una franja larga y solitaria de tierra. Las razones jamás han sido conocidas. Quizá la tormenta fue de inusitada violencia; el piloto pudo perder el control de la nave; pudo haber sido afectado por el vértigo y estrellarse en tierra. De manera que, aun cuando mi avión cuenta con un parabrisas de seis capas de espesor a prueba de balas, diseñado para cosas peores que el granizo, y que su estructura es capaz de soportar dos veces la fuerza que podría destruir las alas de un avión de mayor tamaño, siento gran respeto por las tormentas eléctricas. Las evito siempre que puedo; y aprieto los dientes y la palanca de control con todas mis energías cuando no puedo hacerlo. Hasta la fecha sólo me he encontrado con algunas tormentas de baja intensidad, pero no las conozco todas.

Por supuesto que existen ciertos procedimientos previstos. Hay que asegurar el cinturón y el arnés, conectar la calefacción del sistema Pitot y los descongeladores, encender la luz interior de la cabina con el máximo de intensidad, bajar la velocidad a unos 275 nudos y tratar de mantener nivelado el avión. Con las corrientes de aire vertical en medio de una tormenta, los altímetros y los indicadores de velocidad vertical, e incluso los de velocidad del aire, quedan prácticamente anulados. Suben, bajan y vibran inútilmente. Si bien es cierto que el F-84F tiende a oscilar y girar con las turbulencias, debo tratar de mantener el avión miniatura dentro del horizonte giroestabilizado de dos pulgadas, instalado frente a mí en el panel de instrumentos: es el indicador de posición. Mi labor es que esta posición sea recta y nivelada durante toda la tormenta. Estoy preparado. Siempre lo he estado.

En medio de la oscuridad de la noche francesa, mi avión vuela fácilmente a lo largo del rastro continuado de las millas que separan Laon de Spangdahlem. La atmósfera está tan quieta y pulida como una piedra de obsidiana. Apoyo el casco blanco contra el respaldo rojo del asiento eyectable y alzo la vista desde el colchón de nubes oscuras hacia ese campo profundo y brillante de estrellas que durante tanto tiempo han guiado a los hombres sobre la tierra. Esas estrellas eternas y constantes. Esas estrellas tranquilizadoras. Esas estrellas inútiles. En una nave como la mía, diseñada para funcionar a través de los ojos del piloto y de la dirección que éste quiera darle, las estrellas han pasado a ser sólo puntos de interés cuya luminosidad es agradable de observar cuando todo marcha bien. Las estrellas importantes son aquéllas dibujadas por las agujas luminosas del radiogoniómetro y del TACAN. Las estrellas son hermosas, pero yo navego con la S, la P y la A.

Los pilotos de combate táctico, tradicionalmente se han marginado de la idea de navegar teniendo en cuenta el tiempo atmosférico. Sólo los esfuerzos sobrehumanos desplegados por la Fuerza Aérea han logrado que acepten que, hoy día, incluso los aviones de combate deben volar considerando las condiciones climáticas. Los esfuerzos oficiales toman la forma de películas, escuelas en tierra, escuelas instrumentales y han requerido de un número mínimo de horas de vuelo instrumental y de vuelo con capucha cada seis meses. Cada nuevo modelo de avión de combate es más capaz que el anterior de volar en cualquier condición meteorológica. Actualmente los pilotos de interceptación, con sus gigantescos aparatos de ala en delta, pueden realizar una misión completa y atacar un avión enemigo sin haberlo divisado, salvo como un pequeño punto borroso en las pantallas de su radar de ataque.

Incluso el caza-bombardero, que durante mucho tiempo fue víctima de las nubes bajas, hoy es capaz de volar en un ataque a baja cota con mal tiempo recurriendo a sofisticados sistemas de radar que le permiten evitar los cerros e identificar su objetivo. Más allá del énfasis oficial y de la presión de los reglamentos, los pilotos de combate táctico de los aviones más modernos deben aprender todo lo que se conoce sobre la meteorología. Y esto, simplemente, porque deben ser capaces de aprovechar los adelantos que se han incluido en sus aviones. Pero las condiciones climáticas siguen siendo un enemigo. Las nubes me cubren el horizonte y no puedo ver nada fuera de la cabina. Estoy obligado a depender de siete rostros sin expresión y vidriosos, que son mis instrumentos de vuelo. Durante el mal tiempo no existe un arriba o un abajo absolutos. Sólo hay una fila de instrumentos que dicen *esto es arriba, esto es abajo, éste es el horizonte*. Cuando un alto porcentaje de mis horas de vuelo han transcurrido en ese mundo traslúcido de las maniobras de tiro aire-tierra, no es fácil confiar mi vida a un círculo de vidrio y pintura fosforescente de dos pulgadas de diámetro. Sin embargo, ésta es la única forma de salir con vida una vez que mi avión se ha introducido en una nube. Las sensaciones y sentidos que mantienen el punto blanco del visor sobre el tanque, sin moverse, se confunden con facilidad cuando el mundo exterior se transforma en una marea grisácea envolvente.

Después de un viraje o del simple e inofensivo movimiento de inclinar la cabeza para observar la radio mientras cambio de frecuencia, esos sentidos pueden incluso llegar a paralizarse con el terror y gritarme: *¡Cuidado, estás derivando hacia la izquierda!* No obstante, el giro direccional y su horizonte se mantienen firmes y nivelados en el panel de instrumentos. Frente a esta contradicción, tengo una salida: seguir uno solo de los caminos señalados. Seguir a los sentidos que me han dado el título de experto en ataques con cohetes y bombardeos en picado, o seguir a ese trocillo de cristal que alguien en alguna oportunidad me dijo que era de fiar.

Sigo las instrucciones del trozo de cristal y una guerra ha terminado. El vértigo me impacta con tanta violencia que el casco se ha hundido hasta los hombros, de acuerdo con su propia versión de lo que es arriba y de lo que es abajo. Pero continúo obedeciendo a los instrumentos. Debes mantener el avión miniatura nivelado dentro de su casilla. *Estás inclinándote demasiado a la derecha.* Debes mantener firmes e inmóviles las agujas del altímetro y del indicador de velocidad vertical. *Cuidado, comienzas a zambullirte...* Debes mantener el bastón del indicador de viraje en su cumbre y la burbuja en el centro de su tubo de cristal curvado. *¡Estás dando la vuelta! ¡Vas volando cabeza abajo! ¡Sigues dando la vuelta!* Debes comprobar los instrumentos. Una y otra y otra y otra vez más.

La disciplina es el único factor común que existe

entre el vuelo de combate y el vuelo instrumental. No puedo romper la formación para buscar un objetivo por mi cuenta y riesgo; no puedo desligarme de la constante comprobación de los siete instrumentos que tengo frente a mí en el negro panel. Generalmente, la disciplina de combate es más fácil de obedecer. En ese caso no estoy solo. Puedo inclinar la cabeza y ver a mi jefe de escuadrilla y al resto de los componentes de la misión que esperan el momento adecuado para lanzarse contra el enemigo.

Pero, cuando el enemigo es una niebla gris que no opone resistencia, debo confiar en los instrumentos y hacer ver que ésta no es más que otra práctica de vuelo experimentada en la cabina posterior de un T-33 de entrenamiento, con su cabina cubierta por una capucha. Puedo desprender la capucha cuando lo desee y contemplar miles de millas de aire puro y cristalino en todas direcciones. Pero mi problema no es librarme de la capucha. A pesar del conocimiento que ofrecen los textos de las escuelas en tierra sobre meteorología y que la experiencia confirma todo lo enseñado, el estado del tiempo sigue siendo mi mayor enemigo. Es un factor difícil de predecir y, peor aún, nada le importan los hombres y las máquinas que le salen a su encuentro. Nada le importa.

—Reactor de la Fuerza Aérea Dos Nueve Cuatro Cero Cinco, Control Francia. Necesito hacer una consulta.

Lo mismo que un teléfono sonando. Ésa es mi radio. Sin el menor fallo en su operación. ¿Pero cómo puede ser si sólo unos minutos antes...? Sin embargo, ahora está funcionando y eso es todo cuanto importa. Se escucha la bajada del botón del micrófono y una voz profesional.

—Entendido, Francia. Cuatro Cero Cinco, adelante.

—Cuatro Cero Cinco, Servicio de Vuelo advierte que nave polimotor informó sobre fuertes turbulencias, granizo y hielo en las vecindades de Phalsbourg. También un T-33 registró turbulencias moderadas al nivel de vuelo tres cero cero, con hielo de poca densidad.

El botón baja nuevamente. Qué me dicen de todo esto. Parece que hay una o dos tormentas en los estratos de nubes que se extienden más adelante. Esto también se puede hallar en los libros de texto. Pero, aun así, es extraño encontrar tormentas de gran violencia sobre Francia.

—Comprendido, Francia. Gracias por la información. ¿Qué tiempo hay sobre Chaumont?

—Espere un segundo.

No corto la comunicación y espero mientras otro hombre, de camisa blanca y cuello desabrochado, revisa las informaciones de los teletipos en busca de uno entre cientos que está encabezado con las letras codificadas LFQU. Con una mano, parece estudiar y alterar el clima de todo un continente; sus dedos pasan sobre lluvia, granizo, niebla, nubosidad alta, vientos, hielo y nubes de polvo. En estos momentos está llegando a la hoja de papel amarillo que le indica, si quiere leerla, que la Base Aérea de Wheelus, en Libia, tiene cielos claros con visibilidad de 20 millas y la velocidad del viento es de 10 nudos procedente del Suroeste. Si quiere saber la noticia, una línea de la hoja le indica que en Nouasseur,

Marruecos, los cirros están altos, visibilidad de 15 millas, viento de Oeste a Sudoeste de 15 nudos. Su pulgar recorre las condiciones meteorológicas de Hamburge (cielos cubiertos hasta los 1.200 pies, visibilidad tres millas, chubascos, viento de diez nudos del Noroeste), de la Base aérea de Wiesbaden (cielos cubiertos hasta los 900 pies, visibilidad de dos millas, viento de siete nudos del Sur), de la Base Aérea de Chaumont.

—Reactor Dos Nueve Cuatro Cero Cinco, Chaumont anuncia cielos cubiertos hasta los 1.100 pies, visibilidad de cuatro millas con lluvias, vientos de diez a diecisiete nudos procedentes del Sudoeste.

El tiempo en Chaumont no es bueno ni malo.

—Muchas gracias, Francia.

El hombre, por toda respuesta, suelta el botón del micrófono. Deja la gruesa hoja de papel amarillo sobre la pila en que se encontraba, cubriendo con su peso el tiempo de cientos de aeropuertos repartidos por el continente. Y cubre el informe meteorológico de la Base Aérea de Phalsbourg (techo de 200 pies, visibilidad de una milla y media bajo chubascos densos, vientos de 35 nudos procedentes del Oeste. Nube a nube, relámpagos en todo el horizonte, granizo de media pulgada).

Me deslizo sobre la nube alargada y extensa como si la realidad fuera un sueño de bordes muy suaves y borrosos. La luz de las estrellas se apaga bajo los primeros pies de la niebla húmeda y yo quedo flotando en una profunda laguna de luz rojiza. Observo ese mundo frío e idílico que cuando era niño llamaba Cielo.

Puedo decir que avanzo. No me veo obligado a aceptar este hecho con mi intelecto, aun cuando el radiogoniómetro salta de un radiofaro a otro y el tambor de medición de las distancias se desenrolla impulsado por su complicado mecanismo. Por debajo del avión pasan suaves oleadas de nubes, oscuras, silenciosas, a unos pocos centenares de pies de distancia. Una hermosa noche para volar.

¿Qué ha sido eso? ¿Qué acabo de decir? ¿Hermosa? Ésa es una palabra que se escucha en boca de los débiles, de los sentimentales y de los soñadores. No es una palabra para los pilotos que conducen 23.000 libras de destrucción refinada. No es una palabra que deba ser pronunciada por las personas que son testigos de la desintegración de la Tierra con el simple movimiento de un dedo; o por quienes han sido entrenados para matar habitantes de otros países cuyo Cielo es el mismo que ellos conocen. Hermosa. Amor. Suave. Delicada. Paz. Quietud. No son palabras o ideas para los pilotos de guerra, acostumbrados a controlar sus emociones y que permanecen fríos ante cualquier emergencia o ante los soldados que caen bajo la metralla junto al camino. La maldición del sentimentalismo tiene gran poder. Pero los significados están siempre allí, porque yo todavía no he logrado transformarme en la máquina perfecta.

En el mundo del hombre/avión, vivo en una atmósfera de comprensión. El jefe de escuadrilla que deja una estela rojiza contra la puesta del sol constituye un hermoso espectáculo. Pilotar aviones de caza es una hermosa tarea. Lástima que mi compañero de habitación se estrellara contra el panel de tiro.

Uno termina por aprender el lenguaje; lo que debe decirse y lo que no debe decirse. Hace algunos años, descubrí que no era diferente de los otros pilotos al pensar que la estela rojiza dejada por el jefe de escuadrilla contra la luz del sol poniente era un hermoso espectáculo; o que estimo mucho a mi avión; o que siento que por mi país daría mi vida. No soy diferente.

Aprendí a decir: «Creo que volar en aviones de un motor no está tan mal.» Y cualquier piloto de la Fuerza Aérea comprende que siento el mismo orgullo de ser piloto de caza que cualquier persona con respecto a su trabajo. Sin embargo, no hay nada más repelente que el término «piloto de reactor de combate». *Reactor.* Son palabras para la publicidad de los cines y para aquellos que no son pilotos. *Reactor* significa donaire, gloria y las habladurías artificiales de un hombre que desearía saber algo sobre aviones de combate. *Reactor* es una palabra que confunde. De manera que, cuando hablo con personas que conocen el tema, hablo de *monomotor,* y sé que van a comprender que tengo la oportunidad de despegar solo y quedarme con las nubes de vez en cuando y que, si lo deseo, puedo volar más rápido que el sonido, o destruir un tanque, o transformar una caseta en una pila de ladrillos y un montón de chatarra bajo una nube de humo negro. Pilotar reactores es una tarea para superhombres y superhéroes, como los apuestos actores de cine. Pilotar un avión de un solo motor es, simplemente, un hermoso trabajo.

El muro dentado y blanqueado de los Alpes no fue un muro para el Fax Ocho Cuatro. Los habíamos sobrevolado a una altura tan tranquilizadora como la que lleva una gaviota al flotar sobre sus presas en el mar. Casi igual. Incluso bajo su tremenda capa, las montañas eran agudas como las puntas de cristales rotos sobre un desierto nevado. No había lugar que permitiera un fallo en el motor. Sus cumbres puntiagudas emergían sobre el océano de nubes de la misma forma que, mucho tiempo atrás, llevó a decir a un piloto: «Parecen islas en el cielo.» Duras islas rocosas sobre un mar blanco como el algodón. Silencio en la radio. Yo volaba como acompañante sin pronunciar una palabra, admirando las islas que se deslizaban más abajo. El jefe de escuadrilla dijo sólo dos palabras:

—Escarpadas, ¿verdad?

Ambos habíamos estado observando esas islas. Son las masas más tortuosas de granito y de amenazantes avalanchas que existen en el mundo. Un plegamiento del mundo viejo. Una región virgen y traicionera de nieves resbaladizas y abismos mortales. Un mundo de aventuras para los audaces y los superhombres que las escalan porque viven allí. No es mundo para un ser descarriado como el piloto de un avión, que depende de demasiadas piezas que giran y que no deben detenerse para que pueda mantenerse en el cielo. Al que ama.

—Así es —respondí.

¿Qué otra cosa podía decir? Las montañas eran escarpadas.

Siempre es interesante. La tierra se desliza más abajo. Las estrellas avanzan por encima. El clima cambia y, raramente, sólo en muy extrañas ocasiones, una de las diez mil partes que forman un avión deja de funcionar adecuadamente. Para un piloto, el hecho de volar no encierra ningún peligro. Un hombre debe estar casi loco o muy presionado por el sentido del deber para mantener voluntariamente una posición que realmente considera peligrosa. Ocasionalmente, los aviones se estrellan y, ocasionalmente, un piloto muere. Pero volar no es peligroso, sólo es interesante.

Algún día me gustaría saber cuáles de mis pensamientos son únicamente míos y cuáles son comunes al resto de las personas que vuelan en aviones de combate.

Hay pilotos que expresan sus pensamientos por la fuerza de la costumbre. Otros callan. Unos se cubren de una máscara tal de convencionalismo e imperturbabilidad que es imposible ocultar que se trata de una máscara. Otros muestran una máscara tan convincente que me pregunto si realmente estas personas son imperturbables. Los únicos pensamientos que conozco son los míos. Puedo prever cómo voy a controlar mi propia máscara frente a cada situación. En medio de una emergencia, mostraré un rostro calmado y despreocupado, perfectamente calculado para despertar la admiración de cualquiera que escuche mi firme voz por la radio. Por cierto, éste no es un invento mío. En cierta ocasión conversé con un piloto de prueba, que me dio a conocer su propia forma de conseguir la calma en momentos difíciles. Contaba hasta diez en voz alta, bajo su máscara de oxígeno, antes de presionar el botón del micrófono y efectuar la primera llamada. Si la emergencia era de tal magnitud que no alcanzaba a contar hasta diez, en realidad no le interesaba para nada comunicarse con alguien; simplemente se preparaba para eyectarse fuera del avión. Pero, en momentos de emergencia de menor gravedad, al terminar de contar hasta diez, su voz ya se había acostumbrado a la situación difícil y emergía por la radio de la misma forma que si estuviera enviando un informe desde las calmadas alturas de una suave y mullida nube.

Hay otros pensamientos sobre los cuales no hablo. La destrucción que causo en tierra. No está estrictamente de acuerdo con la Regla de Oro el hecho de atacar un convoy enemigo y destruir sus camiones con los disparos rápidos de seis ametralladoras pesadas; o dejar caer bombas incendiarias sobre sus hombres; o descargar 24 cohetes de alto poder explosivo sobre sus tanques; o lanzar sobre una de sus ciudades una bomba atómica. No me refiero a eso. Si pienso en estos hechos y logro racionalizarlos, finalmente encuentro alguna disculpa que me permite llevarlos a cabo sin causarme un trauma. Hace tiempo que encontré una solución que es lógica, verdadera y efectiva.

El enemigo es el mal. Desea esclavizarme y quiere arrasar mi país, al cual yo quiero mucho. Quiere arrebatarme mi libertad y dictarme lo que debo pensar y hacer y cuándo debo pensarlo y hacerlo. Si el enemigo quiere hacer esto con su propia gente, a quienes no les importa este tipo de trato, eso me tiene sin cuidado. Pero no le permitiré que lo haga conmigo, con mi mujer, con mi hija o con mi país. Lo mataré antes de que lo lleve a cabo.

Así pues, esos puntitos con piernas que surgen en filas desde el convoy detenido bajo el visor de mis cañones no son hombres con ideas y sensaciones y amores como los míos; son el mal y quieren arrebatarme mi vida. El tanque no lleva en su interior a cinco hombres atemorizados y que rezan sus propias oraciones, a su manera, mientras yo me aproximo y los enfoco bajo el punto blanco del visor que se sobrepone a ese rectángulo negro que es su tanque; son el mal y tienen la intención de matar a gente que yo amo.

El pulgar se apoya suavemente sobre el disparador de los cohetes; el punto blanco se mantiene firme sobre el rectángulo negro; el pulgar presiona a fondo el disparador. Bajo las alas se escucha un siseo débil y cuatro rastros finos de humo negro se abalanzan convergentes sobre el tanque. Me elevo rápidamente. Un estremecimiento recorre mi avión cuando cruzo las ondas de presión causadas por la explosión de los cohetes. Son el mal.

Estoy preparado para cumplir cualquier misión que se me asigne. El hecho de volar no sólo significa guerra, destrucción y muerte racionalizada. En el desarrollo hacia la formación del hombre/máquina, no siempre las cosas salen de acuerdo con lo programado. Los cuarteles y salones están repletos de revistas sobre vuelo que destacan las ocasiones en que el hombre/máquina no funcionó como estaba previsto.

La semana pasada me senté en un sofá rojo de imitación de cuero, en el salón de descanso de los pilotos, y comencé a leer una de esas ajadas revistas que han sido manoseadas de principio a fin. Aprendí algo en ella.

Leí un artículo acerca de un par de pilotos que volaban de Francia a España en un reactor de entrenamiento, un Lockheed T-33 de dos plazas. Media hora antes de llegar a destino, el piloto que iba en el asiento posterior estiró la mano para ajustar la altura de su asiento. Sin advertirlo, movió la palanca que disparaba la bomba de gas carbónico para inflar el bote salvavidas instalado bajo el cojín del asiento eyectable. La embarcación se hinchó, llenando todo el espacio de la cabina posterior, aplastando al desafortunado piloto, dejándolo prisionero contra su cinturón de seguridad y el arnés que sujeta los hombros.

Esto mismo ya había sucedido antes con los botes salvavidas, de manera que en las cabinas se incluye una pequeña navaja para ser utilizada en estos casos. El piloto de la cabina posterior agarró la navaja y en un segundo el bote explotó en medio de una nube de gas carbónico y polvos de talco.

El piloto de la cabina delantera, que iba preocupado con la navegación y no había advertido el drama que sucedía tras él, escuchó la explosión y, de inmediato, su propia cabina se llenó de polvos de talco, confundiéndolos con humo.

Cuando uno escucha una explosión y la cabina se cubre de humo, no se vacila un instante. De inmediato se corta la alimentación de combustible al motor. Así fue como el piloto de delante cortó los gases y el motor se detuvo.

En medio de toda la confusión, el piloto de la cabina posterior había desconectado el cable del micrófono y supuso que la radio estaba fuera de servicio. Cuando se dio cuenta de que el motor había dejado de funcionar, alzó los brazos de su asiento eyectable, tiró de la palanca de acero y fue despedido del avión. El paracaídas se abrió y cayó sano y salvo en medio de un pantano. El otro piloto siguió volando y realizó un aterrizaje de emergencia en un campo abierto.

Todo sucedió tras una cadena de errores fantásticos. Mis risas atrajeron la atención de todos en el salón. Y mientras les contaba lo que había leído, anoté los hechos en mi mente como algo que debía ser recordado cuando subiera nuevamente a cualquiera de los asientos del T-33 de la escuadrilla.

Cuando los cadetes de mi clase comenzamos a realizar los primeros vuelos de entrenamiento en los T-33, nuestras cabezas estaban repletas de los procedimientos normales y de emergencia memorizados en los cursos. Hasta tal punto que no era fácil ponerlos todos en orden. Podía sucederle a alguien, y éste fue Sam Wood. En su primera mañana en el aparato recién llegado, cuando el instructor ya se encontraba instalado en la cabina posterior, Sam le preguntó:

—¿Cierro la cúpula?

Le estaba advirtiendo al otro hombre que la cúpula de 200 libras sería cerrada bajo la presión hidráulica de la bomba, ajustándola sobre los rieles especiales que se encuentran a pocos centímetros de sus hombros.

—Puede cerrar la cúpula —fue la respuesta.

Sam tiró de la palanca que suelta la cúpula. Se escuchó una fuerte explosión, surgió una nubecilla de humo azulado y las 200 libras de plexiglás pulido y curvado saltaron a cuarenta pies de altura y se estrellaron contra la franja de hormigón destinada al aparcamiento. Ese día, Sam no pudo volar.

Problemas como éste surgen cada día en la Fuerza Aérea. La parte humana del hombre/avión presenta tantos fallos como la parte metálica, y son mucho más difíciles de reparar. Un piloto que ha volado durante 1.500 horas en distintos tipos de aviones puede ser muy experimentado. Pero, al cumplir la hora 1.501 y al estar a punto de aterrizar, puede olvidarse de bajar el tren de aterrizaje y su avión resbalará por la pista en medio de una lluvia de chispas. Con el fin de evitar este tipo de aterrizaje, se han inventado muchos dispositivos y se han escrito miles de artículos y advertencias.

Cuando se desacelera a un nivel menor que el necesario para mantener la sustentación del avión, suena una alarma en el interior de la cabina y se enciende una luz roja en la palanca que acciona el tren de aterrizaje. Esto significa: «¡Baja las ruedas!» Pero el hábito es algo muy poderoso. Uno se acostumbra a escuchar la alarma cada vez que se dispone a bajar el tren de aterrizaje y, poco a poco, sucede lo mismo que pasa con la catarata: el hombre que vive junto a su estruendo deja de escucharla. El reglamento señala que debe efectuarse una llamada a la torre de control cuando el piloto realiza la aproximación final, poco antes de aterrizar.

—Torre de Chaumont, Cero Cinco se aproxima a la base, tren de aterrizaje abajo; presión adecuada; frenos revisados.

Pero esta llamada también cae en el terreno del hábito. Sucede a veces que el piloto se distrae en los instantes durante los cuales, normalmente, debiera bajar la palanca de descenso del tren de aterrizaje. Cuando su atención vuelve a la maniobra de hacer aterrizar a su avión, las ruedas deberían estar abajo y así lo supone. Observa las tres luces que indican la posición del tren y, aun cuando ninguna de ellas se extiende con el familiar color verde y, a pesar de que la luz roja de la palanca está encendida y que la alarma está sonando a todo volumen, toma el micrófono y transmite:

—Torre de Chaumont, Cero Cinco se aproxima a la base, tren de aterrizaje abajo; presión adecuada; frenos revisados.

Los inventores han intentado eliminar los errores humanos en los aviones que crean. Algunos indicadores de velocidad tienen unas banderas que cubren el dial durante la aproximación a la pista, a no ser que las ruedas estén abajo. Teóricamente, si el piloto no se da cuenta de su velocidad, la bandera llamará su atención y procederá de acuerdo con las circunstancias; que, en este caso, se refieren a bajar el tren de aterrizaje. En aquellos interceptadores más mortales y sofisticados que hoy existen, esos que transportan misiles atómicos y que pueden derribar un bombardero enemigo bajo las peores condiciones climáticas y a 70.000 pies de altura, existe una alarma para el tren de aterrizaje que suena como una grabación en alta velocidad de un furioso dueto de flautas. Sus inventores dedujeron que, si este ruido no es capaz de llamar la atención del piloto para que baje el tren de aterrizaje, nada se obtiene con luces de advertencia, banderas que cubren el velocímetro u otros artificios. Quiere decir que el piloto está fuera del alcance de todos estos aparatos. Cada vez que veo a uno de estos gigantescos interceptadores de ala en delta en su fase de aproximación final a la pista de aterrizaje, no puedo dejar de sonreír al imaginarme el estruendo que en esos momentos está escuchando el piloto procedente de la sirena de alarma.

Súbitamente, en la oscuridad de mi cabina, la aguja del radiogoniómetro salta de su posición del radiofaro de Spangdahlem y me transporta bruscamente desde mis sueños a la tarea de navegar.

La aguja no debería moverse. Cuando comience a oscilar sobre Spangdahlem, primero vibrará suavemente hacia la izquierda a modo de advertencia. Estos movimientos hacia la izquierda crecerán en intensidad y finalmente la aguja descenderá hasta el borde inferior del reloj, tal como sucedió cuando pasé sobre Laon.

Sin embargo, el tambor de medición de distancia señala que aún me separan 70 kilómetros de mi primer contacto con Alemania. El radiogoniómetro me acaba de indicar que es un mecanismo como cualquier otro. Fue diseñado para señalar la dirección de los centros de actividad de señal de radio de baja frecuencia. Y no existe un centro más poderoso de actividad radial de baja frecuencia que supere a una tormenta de grandes dimensiones. Durante años he aprendido y aplicado la simple regla que dice: las formaciones de estratos significan atmósfera estable y vuelo suave. Pero esta regla tiene su corolario (excepto cuando los estratos ocultan una tormenta).

Y en estos momentos, lo mismo que un boxeador que se calza los guantes antes de la pelea, me inclino a la izquierda y pulso el conmutador que indica *calefacción pitot*. Sobre la consola derecha se encuentra una pequeña palanca con un rótulo que dice *antihielo del parabrisas*. Mi guante derecho la mueve a su posición de funcionamiento, iluminado por la luz rojiza de las lámparas ocultas. Reviso la tensión del cinturón de seguridad y afirmo aún más el arnés que me sujeta los hombros. No tengo ninguna intención deliberada de meterme esta noche en medio de una tormenta, pero la bolsa de lona que descansa más allá de mis botas, en el compartimiento de las municiones, me recuerda que esta misión no es una broma y que vale la pena prevenir ciertos riesgos frente a la posibilidad de una tormenta.

La aguja del radiogoniómetro vuelve a oscilar violentamente. Trato de descubrir el resplandor de los rayos, pero las nubes continúan calmadas y negras. Durante mis horas de piloto me he encontrado otras veces con mal tiempo; ¿por qué esta oscilación puede parecer ahora tan diferente, tan siniestra y definitiva? Observo que la aguja del direccional no se ha movido del rumbo de 084 grados. Sólo por costumbre, compruebo su funcionamiento con la brújula magnética. La aguja del direccional tiene menos de un grado de diferencia con la brújula magnética. En pocos minutos más, la nube se tragará a mi nave y quedaremos solos, a merced de los instrumentos.

La sensación de volar solo es bastante extraña. La mayoría de mis vuelos han sido en formación de dos a cuatro aviones y uno tarda mucho tiempo en acostumbrarse a la idea de navegar solo. Por lo demás, los minutos transcurridos entre Wethersfield y la Base Aérea de Chaumont, no constituyen tiempo suficiente. No es natural la libertad que se tiene de mirar en cualquier dirección durante todo un vuelo. La única posición segura, la única posición natural es la de poder abarcar sólo 45 grados a la izquierda y 45 grados a la derecha; y, en ese ámbito, vislumbrar la masa suave y aerodinámica del avión líder y ver a su piloto con el casco blanco y el visor oscuro que mira en todas direcciones para aliviar el vuelo de sus compañeros, e incluso, a veces, lanzar una mirada hacia su propio avión. Observo con mayor atención al Jefe de escuadrilla que el primer violín al director de orquesta. Me elevo cuando él se eleva:

viro cuando él vira y estoy atento a sus señales con la mano.

Volar en formación es una manera sencilla de viajar. Cumplir una misión llenando el espacio con conversaciones por radio no es una forma profesional de llevarla a cabo. Durante los vuelos en formación cerrada, existen señales con la mano para cubrir cualquier orden o pregunta hecha por el Jefe o para ser respondida por sus compañeros de escuadrilla.

Realmente sería bastante más sencillo para el Jefe tomar el micrófono y decir: «Formación Gator: aerofrenos... ya.» Mucho más simple que separar su guante derecho de la palanca de control y cogerla con el izquierdo durante unos segundos, mientras hace la señal de frenos de velocidad con el pulgar y los otros dedos, volver a posar el guante derecho sobre la palanca, mientras Gator Tres pasa la señal a Cuatro, bajar el guante izquierdo hasta la palanca de gases con el pulgar extendido sobre el conmutador del aerofreno, poco más arriba del botón del micrófono, y luego asentir con el casco súbita y violentamente en el momento de llevar el conmutador hacia la posición de funcionamiento. Es más complicado de esta manera, pero es más profesional; y la profesionalidad es la meta de todo hombre que lleva las alas plateadas sobre el bolsillo superior de su guerrera.

Es un acto de profesionalidad conservar la radio en silencio, conocer todo lo que se debe acerca de los aviones, mantener la firmeza de una roca durante los vuelos en formación, no perder la calma en las emergencias. Todo lo deseable sobre el pilotaje de aviones, es «profesional». Muchas veces bromeo con el resto de los pilotos por los extremos a los cuales se lleva esta palabra, pero, realmente, no puede abusarse de su empleo, y yo la venero con todo mi corazón.

Trabajo tanto para ganarme el título de piloto profesional que, cuando termino un vuelo en formación cerrada, estoy empapado en sudor; hasta los guantes quedan mojados de transpiración y son como dos ladrillos resecos al día siguiente, cuando comienza la nueva misión. Aún no he conocido al piloto que pueda mantener una buena formación durante el vuelo y que no termine como una piscina al descender de la cabina. Sin embargo, todo lo que se requiere para llevar a cabo un vuelo suave y fácil es volar suelto y despreocupado. Pero esto no es profesional y, hasta el día de hoy, nadie me puede sacar de mi convencimiento de que, si un piloto sale fresco y seco después de un vuelo en formación cerrada, éste es un mal compañero de escuadrilla. Nunca he conocido este tipo de piloto y, probablemente, jamás lo conoceré, porque, si hay algo en lo cual los pilotos de caza ponen toda su profesionalidad de manifiesto, es durante los vuelos en formación.

Una vez finalizada cada misión, existe la aproximación inicial al circuito de aterrizaje que se extiende durante tres millas en estrecha formación escalonada. Durante los 35 segundos que se tarda en cubrir esas tres millas, desde el instante en que el jefe de escuadrilla pulsa el botón del micrófono y dice: «Jefe Gator comienza maniobra inicial pista uno nueve», cada piloto en formación y decenas de otras personas en la base estarán observando la maniobra. Durante algunos segundos, el vuelo quedará enmarcado en la ventana del comandante; quedará expuesto a la mirada de toda la

Base, de los visitantes, de los pilotos veteranos. Durante estas tres millas será un espectáculo. Durante estos 35 segundos será el punto de atracción de todos.

Me repito a mí mismo que no me importa que todos los generales de la Fuerza Aérea de Europa se encuentren observando mi avión, o que una codorniz tenga puesta su mirada en mí a través de las hierbas. Lo único que realmente me importa es el vuelo, la formación. Aquí me entrego por entero. Cada corrección que realice dejará su rastro en el humo gris del escape y será un punto menos a favor de ese ideal concebido de mantener rectas estas flechas grises con sus cabezas plateadas sin una oscilación. El menor cambio significa una corrección inmediata para seguir el trazado recto de la flecha.

Me encuentro a una pulgada demasiado lejos del líder; hundo la palanca hacia la izquierda y recobro la pulgada. Me balanceo con la fuerza del aire del atardecer; me acerco al líder para seguir el mismo camino y balancearme de la misma forma. Esos 35 segundos requieren mayor concentración que todo el resto del vuelo. Es posible que el Jefe de escuadrilla nos reúna antes de iniciar el vuelo y nos diga:

—... y en la aproximación final, mantengamos una buena formación. Pero no se aproximen demasiado como para sentirse incómodos...

Sin embargo, cada piloto de la escuadrilla sonreirá interiormente ante estas palabras y sabrá que, cuando lleguen estos segundos, se sentirá tan incómodo como el resto de sus compañeros al tratar de mantener la formación más estrecha y suave que le sea posible.

En esos momentos, la tensión crece hasta el punto

que creo que no podré mantener mi avión en esa posición por un segundo más. Pero el tiempo pasa y la luz verde de navegación del avión líder sigue a pocas pulgadas de mi cúpula.

Finalmente se aparta con un brillo de aluminio reluciente e inicia el circuito de aterrizaje y yo comienzo a contar hasta tres. Lo sigo en la rotura y espero. Mis ruedas sueltan su rastro de humo azul al tocar la dura superficie de la pista y espero. Rodamos hacia la línea de vuelo en formación, apagamos los motores, llenamos los formularios y esperamos. Caminamos hasta los barracones de los pilotos con las hebillas de los paracaídas tintineando como pequeñas campanas de acero y esperamos. Y a veces llega.

—Gator, esa aproximación final ha estado muy bien —comentará alguien al jefe de escuadrilla.

—Gracias —responderá.

En momentos de debilidad he llegado a pensar si todo esto vale la pena. ¿Vale la pena todo el trabajo, el sudor y el peligro de una formación muy cerrada, sólo para que la aproximación final sea un bonito espectáculo? Mido los riesgos frente a la recompensa y tengo la respuesta antes de que la pregunta haya terminado de formularse en palabras y frases. Vale la pena. Todos los días se suceden uno tras otro los vuelos en formación de cuatro aviones que se acercan a esta pista. Siete días a la semana. Si se logra llamar la atención de un hombre que observa cientos de aproximaciones finales con una maniobra destacada, quiere decir que la formación realmente ha sido perfecta. Una formación profesional. Vale la pena.

Si los vuelos en formación durante el día requieren

un gran esfuerzo, los vuelos en formación durante la noche son extenuantes. Pero no existe misión más hermosa en toda la Fuerza Aérea.

El avión líder se confunde con el cielo oscuro y yo mantengo mi posición número Tres, firme bajo su luz de navegación verde y el débil resplandor rojizo que llena su cabina y se refleja en la cúpula con suavidad. Sin la luna y las estrellas, nada veo excepto sus luces, y no puedo dejar de pensar que a pocos pies de mi cabeza se encuentran 10 toneladas que componen el avión de caza. Sin embargo, generalmente, cuento con la ayuda de la luz de las estrellas.

Sigo el curso del Jefe de escuadrilla y mi motor va dejando atrás su burda imitación de un V-8 y no separo la vista de la inmóvil luz verde y del reflejo rojizo y de la extremadamente débil silueta de su avión recortada contra las estrellas. Durante la noche el aire está tranquilo. Y, a cierta altura y cuando el jefe no cambia de rumbo, es posible descansar un poco y comparar las distantes luces de una ciudad con las luces más cercanas de las estrellas que me rodean. Son excepcionalmente similares.

La distancia y la noche filtran las luces más pequeñas de la ciudad. Y la altura y la claridad del aire hacen cobrar vibrante vida a la más reducida de las estrellas. Si no existe una nube como punto de referencia, es muy difícil durante la noche distinguir dónde termina el cielo y comienza la tierra. Más de un piloto ha encontrado la muerte porque la noche era demasiado clara. No hay horizonte aparte del marcado tras el reloj de dos pulgadas de diámetro, instalado en el panel junto a sus 23 compañeros.

En la noche y desde 35.000 pies de altura, no se distingue ningún fallo en el mundo. No hay ríos lodosos, ni bosques oscuros; nada fuera de la perfección gris y plateada cubierta por la cálida luminosidad de las estrellas. Sé que la estrella blanca pintada en el fuselaje del Jefe de escuadrilla está manchada de gotas de aceite engrosadas por el polvo. Pero, si observo detenidamente, puedo distinguir con claridad los bordes perfectos de la estrella de cinco puntas a la luz de las estrellas despuntadas en medio de las cuales nos movemos.

El Thunderstreak presenta la misma apariencia de quien lo debe de haber tenido en mente cuando lo diseñó, mucho antes de haber llegado a la mundana tarea de transformarlo en diseños y números sobre el papel. Una pequeña obra de arte sin tacha que, algún día, en sus letras negras decía *eyección de cúpula, palanca o peligro - asiento eyectable*. Se parece a esos modelos a escala, pulidos en plástico gris, que no llevan emblema ni sello alguno.

El avión insignia hunde su ala bruscamente hacia la derecha, haciendo pestañear su luz verde de navegación a modo de señal, para que Dos se cruce y tome el lugar que yo ocupo en estos momentos a la derecha del Jefe de escuadrilla. Cuatro flota suavemente en la oscuridad, subiendo y bajando imperceptiblemente a poca distancia de mi propia ala derecha. Yo desacelero y me aparto para dejar un espacio de 84 pies (26 metros) que debe ser ocupado por Dos. Sus luces de navegación cambian de *intermitente brillante* a *estable tenue* antes de comenzar la maniobra de cruce, ya que para mí es más fácil volar guiado por una luz estable que por una intermitente. Aun cuando esta forma de proceder nació después de la muerte de muchos pilotos en vuelos nocturnos con sus luces intermitentes y es un paso obligado antes de que Dos ocupe su posición, comprendo la sabiduría tras estos movimientos y la inteligencia que se oculta tras los reglamentos.

Dos retrocede suavemente unos ocho pies (2,66 m) y comienza a trasladarse siguiendo al avión jefe. A mitad de camino de la operación, su avión se detiene. Sucede algunas veces que, en estos instantes, el avión se sacude y balancea a causa del chorro de aire que escapa de la cola del avión líder y se debe nivelar la nave con golpes de timón hasta encontrar aire tranquilo nuevamente. Pero Dos, en esta ocasión, deliberadamente hizo una pausa. Su mirada no se separa de la tobera de cola del avión insignia.

Brilla en la oscuridad.

La tobera de cola cobra vida y vibra de luz y calor, desde el tono de una manzana roja hasta un rosado tenue y luminoso como el reflejo de la cabina. Muy adentro en el motor se encuentra el rotor de la turbina, de un color rojo fresa. Y Dos no aparta la mirada de sus revoluciones vertiginosas.

Gira como las ruedas de radios de una carreta y, cada cierto tiempo, parece dar vueltas al revés. Dos piensa para sí: «De manera que así es como funciona.» Su mente no está puesta en la acción de volar, o en la maniobra de cruce, o en que su avión se encuentra a siete millas de altura sobre los cerros, separado de ellos por un colchón de aire frío y oscuro. Está embelesado por una máquina en marcha; por eso se ha detenido tras la cola del avión insignia. Puedo ver el reflejo rojizo de la tobera de cola sobre su parabrisas y sobre su casco blanco.

La voz del Jefe se escucha con toda nitidez en la tremenda quietud de la noche.

—Vamos, Dos. Termine la maniobra.

El casco de Dos se da la vuelta rápidamente y diviso con claridad su rostro al resplandor rojizo de la tobera. Luego su avión se desliza con prontitud hacia el espacio que yo le he dejado. El reflejo desaparece de su parabrisas.

En las misiones de vuelo nocturno en formación, sólo cuando ocupo la posición Dos tengo la oportunidad de observar el motor sumido en su mística luz rojiza. Y la otra ocasión que tengo de contemplar el fuego de las turbinas es cuando el motor se encuentra en los instantes de ponerse en marcha. Y esto siempre que me encuentre aparcado tras un avión en el momento preciso en que el piloto hace contacto con el botón de arranque. Entonces se observa una llama tortuosa, débil, de color amarillo, que se esfuerza por surgir entre las hojas de la turbina durante diez o quince segundos. Después desaparece y la tobera vuelve a oscurecerse.

Los aviones modernos, con sus posquemadores, se jactan de sus llamas en cada despegue y sus ondas dejan un rastro de color que puede ser visto hasta en plena luz del día. Pero ese horno oculto y giratorio del Thunderstreak, esa turbina de noche, es una visión que muy pocas personas han tenido la oportunidad de apreciar en toda su belleza. Es casi una visión beatífica. Continuamente la recuerdo, en especial durante esas noches en tierra cuando el cielo no tiene mucho que mostrar.

Siempre llega el momento de regresar a la pista que dejamos esperando en la oscuridad. Y, en medio de las tareas que deben realizarse durante el descenso en un vuelo de formación nocturno, no hay muchas oportunidades de pensar en la gracia y humilde belleza de mi avión. Sigo la luz estabilizado y trato de ofrecer el vuelo más suave posible a Cuatro, junto a mi ala, mientras concentro mi atención en mantener mi nave en la posición adecuada. Pero incluso entonces, en los instantes más intensos y difíciles de maniobrar las 20.000 libras de peso del avión de caza, a pocos pies de otro igual, una parte de mis pensamientos continúa pendiente de hechos sin ligazón alguna y con ansiedad presentan a mi consideración los temas más dispares.

Me aproximo ligeramente hacia Dos. Me retiro un poco, disminuyo potencia, ya que se ha acercado demasiado. Tiro suavemente de la palanca de control para tomar más altura. No sé si permitir que mi hija se quede con la pareja de gatos siameses. Frente a mis ojos sigue estable la luz verde de navegación. Con el dedo pulgar presiono el botón hacia delante, para asegurarme de que los frenos de velocidad están en su posición correcta. Añado un ligero toque de potencia al motor, sólo un medio por ciento más, y lo retiro de inmediato. ¿Será verdad que los gatos trepan por las cortinas, como me han contado? La palanca de control un poco más adelante, un poco a la derecha para separarme un pie. Ciertamente esos gatitos son muy hermosos. Tienen los ojos azules. Con una rápida mirada observo que el nivel de combustible se encuentra en las 1.300 libras. No hay problemas. ¿Cómo se encontrará Cuatro junto a mi ala esta noche? Su vuelo no debería ser difícil. A veces es más fácil volar de noche en la posición Cuatro. Desde allí se tienen más puntos de referencia para mantenerse alineado. Me pregunto si Gene Ivan tomará el tren para Zúrich este fin de semana. Ya llevo cinco meses en Europa y aún no conozco Múnich. Cuidado, cuidado, no te acerques demasiado. Retírate lentamente unos pocos pies. ¿Dónde estará la carretera? Dentro de muy poco veremos sus luces. Cuando Dos nivele vuelo en esos momentos, yo deberé unirme a él. No importa. Me mantendré a su misma altura. Un poco más de potencia... quieto ahora. No te muevas. Si él se retira una pulgada, debes corregir posición al instante. Estamos iniciando la aproximación final. No te separes. Probablemente, como es de noche, no habrá nadie observando. No importa. Sólo somos un grupo de luces de navegación en medio de la noche. Acércate al ala Dos. Suave ahora, vuela muy suave para Cuatro. Perdona el cabeceo, Cuatro.

—Jefe Jaque Mate sale de formación.

Y allí se separa el Jefe de escuadrilla y su luz marca el circuito de vuelo. Me parece que durante toda la noche he estado volando tras esa luz. Acércate un poco más a Dos. No te muevas de esa posición durante unos tres segundos.

—Jaque Mate Dos sale de formación.

No me importa el color de ojos que tengan. No entrarán en mi casa si trepan por las cortinas. Tren de aterrizaje abajo. Flaps abajo. El avión insignia ya cruza la cerca. A veces uno puede engañarse al pensar que este avión es hermoso. Pulso el botón hacia abajo.

—Jaque Mate Tres se acerca a la base, tres verde, presión y frenos.

Compruebo los frenos sólo para asegurarme. Sí. Los frenos están bien. Este avión tiene muy buenos frenos. Cuidado con el chorro de aire en la quietud de esta atmósfera. Es mejor añadir tres nudos a la potencia durante el descenso para prevenir una ráfaga de aire. Allí está la cerca. Debo mantener el morro alto y dejarlo aterrizar. Me pregunto si todas las pistas tendrán una cerca al final. No recuerdo ninguna que no la tenga. Recibo una ligera sacudida a causa del chorro de aire del avión que me precede. Ya estamos abajo, avioncito. Has hecho un buen trabajo esta noche. Fuera la palanca del paracaídas de frenado. Pisa el freno una sola vez, suavemente. Fin del aterrizaje. Aplica el freno para girar y salir de la pista. Suelta el paracaídas. Acércate al avión insignia y a Dos. Gracias por esperarme, Jefe. Excelente vuelo. Excelente. Si tengo que estar en la Fuerza Aérea no cambiaría este trabajo por ningún otro. Abro la cabina. El aire está tibio. Me gusta encontrarme en tierra. Estoy empapado en sudor.

Ahora me encuentro sobre Luxemburgo. El tambor de medición de distancia se desenrolla suavemente, como si estuviera engranado directamente al segundero del reloj de la nave. Faltan veintiocho millas para Spangdahlem. Mi avión roza la cumbre de las nubes y comienzo a realizar el cambio para iniciar el vuelo instrumental. Quizá me queden algunos minutos antes de verme envuelto en la nube, pero es mejor entregarse a los actos de rutina de la comprobación de instrumentos antes de que llegue el momento de utilizarlos. La velocidad indicada es de 265 nudos. La altura es de 33.070 pies. El bastón está centrado. La velocidad vertical señala un ascenso de cien pies por minuto. El indicador de posición muestra el avioncillo con el morro ligeramente elevado respecto de su horizonte. El giro direccional marca los 086 grados. Más adelante, las estrellas se muestran brillantes y despreocupadas. Una cosa maravillosa de ser estrella es que jamás hay que preocuparse de las tormentas.

La aguja del radiogoniómetro vuelve a brincar hacia la derecha, como si se encontrara en agonía. Esto me recuerda que no me debo confiar demasiado en la quietud que observo al frente. Después de todo, quizás el hombre del tiempo no estaba equivocado. Diviso el resplandor suave y lejano de un relámpago hacia el Sudeste y la deseada aguja se estremece como un dedo atemorizado que señala hacia la luz. Recuerdo la primera vez que escuché hablar sobre las características del radiogoniómetro. Me sorprendí. ¡Es lo peor que puede ocurrirle a la radionavegación! Si me dejo guiar por la aguja, como se supone que debo hacerlo, terminaré en el centro de la tormenta más grande que existe a cien millas a la redonda. ¿Quién habrá sido el que diseñó un aparato de navegación para que funcione de esta forma? ¿Y quién habrá sido el que compró el invento?

A la primera pregunta, he llegado a saber que la respuesta es: cualquier compañía que fabrique radios de baja frecuencia. La Fuerza Aérea de Estados Unidos es la respuesta a la segunda pregunta. Por lo menos tuvieron la honradez de confiarme esta pequeña excentricidad antes de lanzarme solo en mi primer vuelo instrumental a través del país. Cuando más lo necesito, en medio de las condiciones meteorológicas más horribles, en lo último en que puedo confiar es en el radiogoniómetro. Es ciertamente preferible volar de acuerdo con el tiempo y la distancia que seguir las indicaciones de su delgada aguja. Me alegro de que el recién llegado, el TACAN, no se deje influir por los rayos.

Quizá sea mejor que esta noche no tenga un compañero de escuadrilla. Frente a esta tormenta no le sería nada fácil mantener su posición. Eso es algo que jamás he experimentado: volar en formación en medio de una tormenta.

Lo más cerca que estuve de algo parecido fue durante el espectáculo aéreo que ofreció la escuadrilla en el Día de la Fuerza Aérea, poco antes de ser retirada la misión. De una forma u otra, se puede asegurar que ese día había el peor de los tiempos.

Cada avión del escuadrón debía volar. Una sola y gigantesca formación de seis escuadrillas de cuatro F-84F cada una, en forma de diamante, todos de la Guardia Nacional. Me sorprendió el hecho de que tantas personas estuvieran dispuestas a conducir sus coches, uno tras otro, bajo el calor del verano, para observar la actuación de esos viejos aviones de combate más allá de los despliegues de la exhibición estática.

Nuestros aviones se encuentran alineados en un amplio frente delante de las gradas especialmente levantadas para ese día, al borde del hormigón de la rampa de aparcamiento. Me siento bastante incómodo y acalorado junto a mi nave, en posición de descanso, observando a la multitud que espera la bengala roja que dará la señal de comienzo del espectáculo. Si todas esas personas se han tomado la molestia de viajar por caminos calurosos para llegar hasta aquí, ¿por qué no se alistan en la Fuerza Aérea y conducen ellos mismos los aviones? De cada mil espectadores presentes, 970 no tendrían ningún problema en pilotar este avión. Pero prefieren observar.

Se escucha un débil estampido sordo y la brillante bengala roja emerge de la pistola Very disparada por un ayudante que se encuentra cerca del general en visita sentado en las gradas. La bengala asciende dejando un largo rastro de humo en forma de arco. Me muevo rápidamente, tanto para ocultarme de la mirada de los espectadores como para acomodarme dentro del avión, en conjunto con otros 23 pilotos y sus 23 aviones. Mientras introduzco las botas en los túneles de los pedales del timón, observo hacia mi izquierda la extensa fila de aviones y pilotos. No hay nadie a mi derecha, ya que vuelo en la posición número 24, el último puesto de la última escuadrilla en forma de diamante.

Abrocho las hebillas del paracaídas y estiro el brazo para agarrar el arnés que sujetará mis hombros. Con movimientos estudiados, trato de evadir la mirada masiva de los espectadores. Si están tan interesados, ¿por qué no aprendieron antes a volar?

El segundero del reloj de la nave se acerca al 12, moviéndose al unísono con los otros 23 relojes de los aviones. Se puede comparar a una danza; una actuación perfecta de todos los pilotos que efectúan sus solos en los fines de semana. Acumuladores en marcha. Cinturón de seguridad abrochado, mangueras de oxígeno acopladas. El segundero toca el punto más alto del dial. Motores en marcha. Mi explosión es sólo una ínfima parte del estruendo masivo de dos docenas de combustiones de partida. El ruido que emiten los motores es bastante fuerte. Las primeras filas de espectadores retroceden. Pero para eso vinieron; para escuchar el rugido de los motores.

De las colas de los aviones se levanta un muro de

calor que hace curvar los árboles en el horizonte, para luego ascender y perderse en un cielo color pastel. El tacómetro marca un 40% de rpm. Saco el casco blanco de su confortable lugar de descanso junto a la cúpula a un pie de distancia de mi cabeza. Abrocho la correa de la barbilla (¿cuántas veces habré oído mencionar lo ocurrido con los pilotos que perdieron sus cascos al despegar sin la correa de la barbilla abrochada?) y pongo el selector del invertidor en *normal.*

Aun cuando no hubiera viento hoy, de todas maneras me vería sacudido por el chorro de aire de los otros 23 aviones que me preceden en el despegue. Pero ya el día se presenta caluroso y el primer avión de la formación, el comandante de escuadrón, se bamboleará violentamente cuando despegue hacia este aire recalentado de una tarde del mes de junio. Durante el vuelo, sólo dependeré de mi jefe de escuadrilla para evitar el chorro de aire de los otros aviones, siempre que pueda volar bajo sus niveles. Pero no tendré ninguna forma de escaparme a las corrientes de aire que surgirán en remolinos sobre la pista cuando despegue junto al ala de Panadero Azul Tres, en pos de todas las demás naves que ya habrán avanzado una milla y media de hormigón en este día tranquilo. Después del despegue del comandante de escuadrón y debido a su chorro de aire y al de sus compañeros de escuadrilla, cada carrera de despegue sucesiva tendrá que ser más larga bajo el aire recalentado y turbulento causado por filas de cámaras de combustión y hojas de turbinas de acero templado. Mi propia carrera de despegue será la más prolongada y me costará bastante trabajo mantenerme pegado al ala de Tres al cruzar las turbulencias de todos esos remolinos de aire. Pero ése es mi trabajo hoy, y lo voy a hacer.

Hacia mi izquierda y a mucha distancia en la extensa línea de aviones, el comandante del escuadrón empuja la palanca de gases y comienza a rodar.

—Formación Halcón, control radio —ordena a través de 24 radios y 48 auriculares de suave textura.

—Aquí, Jefe de escuadrilla Poder Rojo.

—Poder Rojo Dos —responde a la vez su compañero.

—Tres.

—Cuatro.

Es una larga sucesión de voces filtradas y de botones de micrófonos pulsados. La palanca de gases avanza en el interior de una cabina tras otra. Avión tras avión gira a la izquierda y avanza en seguimiento del pulido aparato del comandante de escuadrón. Le toca su turno a mi Jefe de escuadrilla.

—Jefe de escuadrilla Panadero Azul —llama, mientras comienza a rodar. Su nombre es Cal Whipple.

—Dos —Gene Ivan.

—Tres —Allen Dexter.

Finalmente, presiono el botón del micrófono.

—Cuatro.

Y se hace el silencio. No hay nadie más después del último puesto del sexto vuelo.

La larga fila de aviones corre vivamente por la pista de rodaje hacia la pista tres cero. El primer avión se pega lo más posible a la pista para dejar espacio a la multitud de compañeros de formación. No queda tiempo para un rodaje muy prolongado. Los veinticuatro aviones que ruedan sobre la pista al mismo tiempo constituyen una extraña visión. Pulso el botón del micrófono al detenerme en posición junto al ala del Panadero Azul Tres y sostengo una pequeña conversación privada con el comandante de escuadrón.

—Panadero Azul Cuatro en posición.

Al escuchar mi voz, el hombre del avión pulido y brillante que lleva las pequeñas hojas de roble en las hombreras de su traje de vuelo adelanta la palanca de gases y ordena:

—Formación Halcón, prueba de motor.

No es necesario que los 24 aviones alimenten al mismo tiempo sus motores con el 100% de la potencia, pero el estruendo es enorme, y eso es lo que han venido a escuchar los espectadores que están en las tribunas. Dos docenas de palancas de gases avanzan hasta el fondo.

Incluso bajo la cabina cerrada herméticamente, bajo el casco y los auriculares, el rugido es estremecedor. El cielo se oscurece ligeramente y, a través del trueno macizo que hace temblar las gradas de madera, el público presencia una gran nube de humo de los escapes que se levanta al final de la pista, por las brillantes estacas que son los timones de dirección de la formación Halcón. Yo me balanceo y cabeceo sobre las ruedas bajo la fuerza del aire impulsado por los otros motores. Y, tal como tenía previsto, me doy cuenta de que mi motor no está girando normalmente con el 100%. Lo hizo durante unos segundos, pero, a medida que el calor y la presión de los otros aviones fue penetrando por la tobera de entrada, la velocidad del motor descendió a poco menos de 98% de rpm. Éste es un buen indicador de que, en el exterior de mi cabina acondicionada, el aire está bastante recalentado.

—Jefe de Escuadrilla Poder Rojo comienza el despegue.

Los dos primeros grupos se separan y se destacan lentamente del resto. La formación Halcón cobra vida. Pasan cinco segundos en las manecillas del reloj y Poder Rojo Tres entra en acción. Cuatro no se despega de su ala.

Me empino sobre el asiento de mi cabina y a gran distancia, más adelante, el primero de la formación comienza a elevarse de la pista.

Los primeros aviones se despegan de la tierra como si estuvieran cansados de ella y felices de retornar a su hogar que es el aire. El rastro que dejan sus escapes es oscuro y, mientras observo su longitud, no puedo dejar de sonreír al pensar que quizá deba recurrir al vuelo instrumental por el humo dejado por los otros aviones y cuando llegue mi turno de despegar tras Panadero Azul Tres.

Avanzan de dos en dos, de dos en dos. Ocho; diez; doce... Espero, con el motor ahora a 97% de rpm y con el acelerador a fondo. Ojalá pueda mantenerme pegado al número Tres durante la carrera de despegue y elevarme junto a él, tal como debo hacerlo. Tenemos el mismo problema, de manera que no deberíamos encontrar otra dificultad excepto la de una larga carrera de despegue.

Desvío la mirada hacia Tres, dispuesto a confirmar su señal. Está observando el despegue de los otros aviones y no se fija en mí. Allí van... dieciséis; dieciocho; veinte...

Frente a nosotros, la pista está casi despejada bajo una nube gris que flota a poca altura del suelo. Las ondas de calor impiden distinguir la barrera de frenado al final de la pista. A excepción de un ligero balanceo de alas, los primeros vuelos despegan sin mayores dificultades, a pesar de que salvan la barrera cada vez a menor distancia.

... veintidós. Finalmente, Tres me mira y yo le respondo afirmativamente. El Jefe de Escuadrilla Panadero Azul y Dos se encuentran cinco segundos más adelante en el hormigón de la pista, cuando Tres apoya su casco contra el respaldo del asiento rojo de eyección, inclina la cabeza bruscamente hacia delante y somos los últimos de la formación Halcón que soltamos los frenos. Timón a la izquierda, timón a la derecha. Puedo sentir las turbulencias sobre la pista y sobre mi estabilizador y a través de los pedales del timón. Pasa bastante tiempo antes de alcanzar la velocidad adecuada y me alegra que tengamos toda la extensión de la pista a nuestra disposición para la carrera de despegue. Tres cabecea suavemente cuando su pesado avión pasa por unos baches de la pista. Yo lo sigo como si se tratara de una brillante sombra de aluminio en tres dimensiones, balanceándose cuando él lo hace, avanzando y ganando velocidad a cada momento. El Jefe de Escuadrilla y Dos ya deben estar comenzando a elevarse, aun cuando no separo los ojos de número Tres para comprobarlo. Se habrán elevado o se habrán estrellado contra la barrera. Ésta es una de las carreras de despegue más largas que me ha tocado experimentar. Estamos pasando la marca de los 7.500 pies. En el avión Tres, el peso acaba de pasar de las ruedas a la sustentación de las alas y despegamos con toda facilidad. Me admira la física de este hecho: que 12 toneladas se eleven por el aire. Pero ya antes ha dado resultado y hoy sólo debe repetirse el fenómeno.

Tres mantiene la vista fija hacia delante y yo, por una vez, me alegro de tener que observar su avión fijamente. La barrera se acerca para aplastar nuestros trenes de aterrizaje y sólo se encuentra a cien pies de distancia. Tres se eleva bruscamente y yo lo sigo, tirando hacia atrás de la palanca de control con más fuerza de lo necesario. Obligo así a elevarse a mi avión antes que esté preparado para iniciar el vuelo.

A pocos pies de distancia, el casco dentro de la cabina se inclina una vez, con vivacidad, y yo, sin mirar, alcanzo la palanca del tren de aterrizaje y tiro de ella. En el mismo instante que toco el mecanismo del tren de aterrizaje, la barrera pasa bajo nosotros con un resplandor. Nos quedaron diez pies de margen. No está mal. Y me alegro de no haber sido el número 26 de la formación.

El tren de aterrizaje se repliega rápidamente y deja libre el camino. El panorama que sigue al número Tres cambia del suave hormigón a la tierra borrosa y salpicada de arbustos; definitivamente, estamos en el aire. Para sorpresa nuestra, la turbulencia sólo ha sido un brusco y breve estremecimiento, ya que la carrera de despegue fue más larga y baja que cualquier otra y ahora volamos sin ser tocados por los remolinos de aire formados encima de nuestras cabezas.

Viramos hacia la izquierda, gentilmente, para dar alcance lo antes posible al jefe de escuadrilla y a Dos. No estoy preocupado por esta maniobra, ya que soy sólo un lastre que se deja conducir por el ala de Tres. Y es él quien debe efectuar todas las correcciones necesarias para realizar una reunión suave. La preocupación de la carrera de despegue ya ha quedado atrás, junto a la barrera. Y ahora, una vez superado el despegue, me siento tan tranquilo como si me encontrara sentado en la más cómoda de las butacas del salón de pilotos.

La rutina familiar del vuelo en formación penetra en mí calmadamente. Ahora puedo volar ligeramente más suelto, mientras sobrevolamos los árboles y nos alejamos de la multitud. Más adelante se presentará un arduo trabajo, cuando todo el grupo deba pasar sobre la Base.

Con el rabillo del ojo diviso al Jefe de la Escuadrilla Panadero Azul y a Dos, entrando en formación cerrada con suaves movimientos por encima y tras el ala izquierda de Tres. En torno de ellos se extienden los reflejos plateados y las siluetas que configuran esa masa de metal pulido llamada formación Halcón. Sus integrantes comienzan a tomar las posiciones que todavía están marcadas con tiza en las pizarras verdes de la sala de reuniones. Las características de la monstruosa formación han sido estudiadas en prácticas de vuelo y, ahora, ese entrenamiento está dando su fruto. Los cuartetos dan origen a las formas de diamante y los diamantes se arman en forma de «V» y las «V», finalmente, estructuran la invencible red de la formación Halcón.

Me deslizo por la brecha dejada entre Dos y Tres, directamente bajo el avión del Jefe de Escuadrilla Panadero Azul.

Avanzo mi nave hasta que la cola del avión insignia aparece como un boquete negro a diez pies de distancia de mi parabrisas. Puedo sentir el impulso de su chorro de aire en los pedales de mi timón. Me olvido de Tres y sólo me preocupo de seguir al Jefe a poca distancia, maniobrando ligeramente la palanca de control para mantener el chorro de aire sobre los pedales del timón.

—Formación Halcón, cambio a canal nueve.

El Jefe de Escuadrilla atrasa y avanza ligeramente su avión y, junto con los otros cinco diamantes que cruzan el cielo, este diamante de cuatro puntas que forma el vuelo Panadero Azul se expande unos segundos mientras todos los pilotos localizan en los selectores de sus radios el canal 9 y efectúan las comprobaciones posteriores al despegue.

Pulso los conmutadores debajo del cuadrante de la palanca de gases, y los depósitos eyectables bajo las alas comienzan a alimentar de combustible el depósito principal y el motor. La presión del oxígeno es de 70 y los indicadores del oxígeno siguen el ritmo de mi respiración. Los instrumentos de control del motor se encuentran todos en su color verde. Dejo abiertas las pantallas deflectoras de aire al motor y el paracaídas enganchado a su anilla de apertura. Mi nave está lista para el espectáculo.

Probablemente, en esta formación haya aviones que no estén funcionando como deberían hacerlo, pero, si las dificultades no son graves, los pilotos se guardarán estos problemas para sí mismos y responderán afirmativamente a la comprobación en pleno vuelo de las condiciones de las naves. Hoy, especialmente bajo las circunstancias de esta festividad, sería bastante vergonzoso tener que regresar al aeropuerto y efectuar un aterrizaje forzoso frente a la tribuna repleta de espectadores.

—Jefe de Escuadrilla Panadero Azul, todo bien.

—Dos.

—Tres.

—Cuatro —digo a mi vez, presionando el botón del micrófono.

Normalmente, esta revisión podría haber resultado más larga si cada piloto se hubiera referido al estado del oxígeno y a la alimentación de combustible de los depósitos eyectables. Con tantos aviones en formación, solamente la revisión habría tardado varios minutos. Antes de emprender el vuelo, nos pusimos de acuerdo para llevar a cabo la revisión únicamente con señales de vuelo.

Después de mi llamada, los seis aviones insignia balancean sus alas y los seis diamantes cierran formación nuevamente. No son muchas las oportunidades que tengo de volar en la última posición del diamante y me acerco a la tobera de cola del avión insignia para que desde tierra se crea que he volado toda mi vida en esa posición. Hay una forma de comprobar si el piloto del último puesto ha realizado un buen trabajo y ésta es observar su estabilizador vertical durante el aterrizaje. Mientras más ennegrecido se encuentre el estabilizador y el timón con el humo del escape del avión insignia, mejor ha sido la labor desempeñada durante el vuelo en formación.

Me acerco unos instantes a la posición que deberé mantener durante la pasada sobre la Base. Cuando siento que he logrado la ubicación adecuada, la tobera de cola del avión insignia es como un disco negro y vibrante a unos seis pies de distancia de mi parabrisas y a un pie sobre el nivel de mi cabina. Mi estabilizador vertical se halla en medio del chorro de aire de la turbina y retiro ligeramente las botas de los pedales del timón para evitar la desagradable vibración en ellos. Si me fuera posible, retiraría totalmente las botas de los pedales, pero los túneles inclinados no dejan espacio para descansar los pies y debo conformarme con la vibración y soportarla. Esta vibración significa que el estabilizador se está ennegreciendo con el JP-4 quemado por el motor del avión que me precede. Hasta puedo escuchar el continuo zumbido de aire turbulento que se estrella contra el timón. No es fácil mantener esta posición y no es nada agradable que la cola, como la aleta dorsal de un pez, se vea obligada a permanecer en la corriente de calor que emerge de la turbina del avión del Jefe de Escuadrilla Panadero Azul. Pero es allí donde debo estar para que Panadero Azul luzca como un estrecho y perfecto diamante. Además, a los espectadores nada les importan mis problemas. Retrocedo la palanca de gases una pulgada y la avanzo nuevamente; toco suavemente la palanca de control para separarme y descender ligeramente, de manera que pueda dar cabida a una formación más suelta y fácil de llevar.

Mientras la formación Halcón completa su enorme vuelta, Dos y Tres aprovechan la ocasión para revisar sus propias posiciones. La atmósfera no está tranquila y sus aviones brincan y se estremecen en los momentos que entrelazan sus alas detrás del Jefe. Para que la formación sea realmente cerrada, deben aproximarse hasta que sus alas se introduzcan en la estela violenta dejada por el avión insignia. Aun cuando esa turbulencia no es tan fuerte como la onda de calor que se estrella contra mi timón, es mucho más difícil de sobrellevar. Se trata de una fuerza desequilibrada y siempre cambiante. Los 350 nudos de velocidad hacen que este aire se transforme en una verdadera placa de acero. Observo que sus alerones se mueven hacia arriba y hacia abajo, rápidamente, en un esfuerzo por mantener la formación. Durante una misión normal, sus alas se encontrarían justo al borde de la corriente de aire que brota del avión líder y podría mantener esa posición durante mucho tiempo, con un trabajo normal de correcciones. Pero debemos ofrecer un espectáculo y la situación es diferente.

Aparentemente, Dos y Tres quedan satisfechos con la comprobación y piensan que podrán mantener una correcta posición durante el vuelo sobre la Base. Los dos vuelven a la formación normal al mismo tiempo. Sin embargo, no por esto dejan de observar detenidamente el avión insignia, y sus aviones continúan balanceándose y brincando debido a las turbulencias. Con bastante frecuencia, el vuelo choca contra remolinos de aire que se levantan desde los campos arados, y el impacto es algo sólido que me nubla la vista por unos segundos y no puedo dejar de estar agradecido al arnés que me sujeta al asiento.

Éste es el verano en una base aérea. Nada de sol abrasador, piscinas atestadas de gente y helados que se derriten, sólo los golpetazos de las ráfagas de aire cada vez que deseo cerrar la formación con mi avión.

Se completa el amplio círculo y la formación Halcón comienza a descender hasta los 500 pies de altura, para el vuelo sobre la Base.

—Cerrar formación, Halcón. —Se escucha la orden del Jefe de Escuadrilla Poder Rojo.

Cerramos formación y elevo mi avión para que el timón se introduzca en el vacilante chorro de aire de nuestro avión insignia. Lanzo una mirada al altímetro cuando se nivela la formación y nos encontramos a unas tres millas de la multitud al borde de la pista. Una mirada rápida: 400 pies sobre tierra. La «V» que encabeza los diamantes vuela a 500 pies de altura y nosotros la seguimos cien pies más abajo. Como piloto que ocupa la última posición en el vuelo, no debería importarme la altura, pero siento curiosidad por conocerla.

Ahora, en estas últimas tres millas que nos separan de la Base, nos está observando el pueblo norteamericano. Les interesa apreciar la habilidad de los pilotos que trabajan parte de su tiempo en la Fuerza Aérea.

Los diamantes de la formación Halcón resplandecen firmes bajo el sol, e incluso desde el medio de la formación Panadero Azul, el espectáculo es hermoso y estrechamente alineado. Recuerdo nuevamente el conocido axioma de volar en el mismo aire que el Jefe y estoy seguro de que esa idea no sólo se me ha ocurrido a mí. Dos y Tres han puesto sus alas a una distancia enervantemente corta del fuselaje del Jefe. Nos enfrentamos a las ráfagas de aire como un equipo de trineos que toma las curvas de nieve apisonada. Allá vamos. Cuatro cascos que se estremecen y cuatro pares de alas que se flexionan al unísono. Mi timón no se separa de la corriente de aire del avión líder y los pedales vibran violentamente. El rugido del chorro de aire debe sentirse desde las tribunas que se levantan junto a la pista. Vuela suave. Debes mantener una posición firme. No te separes.

Pero los espectadores al borde del asfalto ni siquiera han comenzado a escuchar el estruendo de la danza de mis pedales del timón. Desde el Norte ven aproximarse una pequeña nubecilla de humo gris que se destaca contra el horizonte. Luego se agranda hasta transformarse en un grupo de flechas grises en pleno vuelo, arrojadas al mismo tiempo por un solo arco. No hay sonido.

Las flechas crecen de tamaño y el público charla amenamente mientras observa. Las flechas atraviesan el aire a 400 nudos. Pero, desde tierra, parecen estar suspendidas en un mundo de miel transparente y fría.

Entonces, cuando el vuelo silencioso alcanza el extremo de la pista, a un cuarto de milla de distancia de las gradas y mientras el propio general visitante sonríe tras sus gafas de sol, la miel se convierte en aire y los 400 nudos son el impacto atronador contra el suelo de 24 detonaciones súbitas de un explosivo de gran poder. Los espectadores retroceden alegremente ante el trueno y observan el paso raudo de los diamantes en su formación sin tacha e inamovible. En esos instantes, el público es dado a pensar que los aviones de la Guardia Aérea no se oxidarán bajo los rayos del sol por falta de uso. Y esto es lo que intentamos transmitirles.

Pasamos frente a las gradas con un rugido que se desvanece y los espectadores sólo vislumbran unos puntos vertiginosos que dejan tras ellos un débil rastro de humo gris. Nuestro trueno ha desaparecido con la misma rapidez que llegó y la tierra vuelve a la calma.

Sin embargo, aun después de haber pasado frente a la multitud, seguimos en formación. Para mí, el vuelo Panadero Azul y la formación Halcón continúan tan vivos como lo han estado toda la mañana. El breve rugido que sacudió a los espectadores para mí es algo constante y estable. El único cambio que sufre la formación Halcón después de su paso sobre la Base es que los diamantes se abren un poco y los trineos toman las curvas un poco más separados y con fracciones de segundo de diferencia, en vez de hacerlo al mismo tiempo.

Mientras giramos en círculo para iniciar la segunda pasada sobre la Base, me deslizo junto con el Jefe de Escuadrilla Panadero Azul para formar un nuevo diseño, en el cual nuestro diamante es la arista de un inmenso bloque de aviones. Cualquiera que sea la posición que ocupemos, el aire turbulento se estrella contra las naves y mi estabilizador sigue bajo el chorro de aire precedente. Pienso en el aterrizaje que nos espera y confío en que se levante una ligera brisa sobre la pista para despejar las turbulencias de los motores antes de que mi avión entre en su fase de aproximación final a tierra.

Quizá no desean ser pilotos.

¿De dónde surgió esa idea? Naturalmente que quieren ser pilotos. Sin embargo, observan desde tierra en vez de incorporarse al vuelo en formación de Panadero Azul. La única razón por la cual no están volando hoy y sólo se contentan con mirar es que no saben lo que se están perdiendo. ¿Qué otro trabajo mejor puede existir aparte de pilotar? Si los vuelos fueran la tarea continua del piloto de la Fuerza Aérea, me habría transformado en un oficial de carrera en cuanto se me presentara la oportunidad.

Cerramos formación nuevamente, efectuamos la segunda pasada, nos volvemos a constituir en un último diseño y lo mostramos sobre el aire duro que cubre la Base. Luego, desde un círculo gigantesco que nos deja fuera de la vista del público en las tribunas, vuelo tras vuelo se separa de la formación. Los diamantes se transforman en escalones a la derecha y los escalones se extienden en una larga faja en el aire turbulento, iniciando así el circuito de aterrizaje.

Esto es trabajo y no ofrece ninguna satisfacción. La aguja del acelerómetro salta hasta el número cuatro. Pero desde el momento que el público ha observado este espectáculo presentado por su Fuerza Aérea y le ha gustado, el esfuerzo ha valido la pena. El Jefe de Escuadrilla Poder Rojo ha finalizado otra pequeña parte de su trabajo.

Eso sucedió hace algunos meses. Actualmente, en Europa, nuestra formación no constituyó un espectáculo sino un trabajo. Un vuelo de cuatro aviones es agradable y ligero cuando nadie lo observa. Los pilotos se concentran simplemente en mantener sus posiciones y no dedican toda su mente y acción al espectáculo del vuelo. En las alturas, esperamos el primer guiño a la derecha del Jefe y nos separamos aún más para pasar a formación táctica. Tres y Cuatro se elevan juntos a unos mil pies sobre el Jefe y Dos. Cada integrante de la escuadrilla ocupa un ángulo desde el cual puede estudiar el cielo que lo rodea y al mismo tiempo observar el avión que debe proteger. En la formación táctica y en las prácticas de combate aéreo, la responsabilidad queda claramente delimitada: el compañero de ala cuida al Jefe, los elementos en altura protegen a los de más abajo y el Jefe localiza los objetivos.

Es muy fácil volar a gran altura con las estelas de condensación. Cualquier otra estela, excepto las cuatro que nosotros dejamos en el aire, es un enemigo. Durante una guerra, cuando estas estelas son identificadas, se transforman en enemigos a los que hay que observar, o bandidos que deben ser juzgados y ocasionalmente atacados. Sólo «ocasionalmente», porque nuestros aviones no fueron diseñados para entrar en combate a grandes alturas y destruir al enemigo. Ésa es tarea del F-104, del Mark Seis canadiense y del Mystere francés. Nuestro Thunderstreak es un avión de ataque aire-tierra que transporta bombas, cohetes y napalm, para lanzarlos contra el enemigo en su avance por tierra. Sólo atacamos aviones enemigos cuando son una presa fácil: los transportes, los bombarderos de baja velocidad y los cazas de propulsión a hélice. No es deportivo ni justo atacar a un enemigo más débil, pero no constituimos un peligro para los últimos aviones enemigos que han sido especialmente fabricados para enfrentarse a otros cazas.

Sin embargo, practicamos el combate aéreo y nos preparamos para el día en que nos veamos envueltos en una lucha contra aviones enemigos que defienden los objetivos que nosotros debemos atacar. Si las horas de práctica bastan para permitirnos escapar con éxito de los cazas más poderosos del enemigo, han valido la pena. Y la práctica es interesante.

Allí están. Son dos F-84F que vuelan a un nivel inferior y que se elevan como pececillos dorados en busca de alimento, trepando hacia la estela de condensación sobre ellos. A los 30.000 pies de altura, el elemento que lleva la delantera comienza a dejar su estela. El segundo elemento no se divisa por ninguna parte.

Yo soy Dinamita Cuatro y los observo desde mi

encumbrada posición. Parece una película en cámara lenta. En estas alturas, los virajes son amplios y suaves, ya que una inclinación demasiado pronunciada con muchos G's hará que mi avión se detenga en la atmósfera delgada y pierda mi mayor ventaja: la velocidad. La velocidad es oro durante un combate. Puede haber libros y libros escritos sobre reglamentos, pero el más importante es NO DISMINUYAS TU MACH. Si tengo velocidad, puedo dejar fuera de maniobra al enemigo. Me es posible clavarme sobre él desde lo alto; mantenerlo unos instantes en el visor de mis cañones, disparar, elevarme y desaparecer. Preparar un nuevo ataque. Sin velocidad, ni siquiera puedo tomar altura y quedaría tan indefenso como un pato en una laguna.

Llamo la atención de Tres sobre los enemigos fingidos. Tres es el elemento Jefe. Y me dispongo a descubrir nuevos atacantes. Una vez avistados los primeros aviones enemigos, la responsabilidad de observarlos es del Jefe y su papel es planear un ataque. Busco los otros aviones y cuido las espaldas a mi Jefe. Mi tarea es proteger al hombre que debe disparar. Viro junto con Tres, cruzándome tras su cola, sin dejar un instante de escudriñar el cielo.

Y allí vienen. Sobre el nivel de la estela de condensación, a las cinco, más altos, se aproximan un par de veloces puntos. Quieren ponerse detrás de nuestras colas.

Pulso el botón del micrófono.

—Dinamita Tres, enemigos a las cinco, más altos.

Tres continúa su giro para cubrir al Jefe Dinamita durante su ataque al elemento líder de los enemigos. Los señuelos.

—Obsérvalos —ordena.

Para mantenerlos visibles, debo girar en el asiento y mi casco toca la cúpula de la cabina. Los dos atacantes confían en sorprendernos y sólo en estos momentos, a gran velocidad, comienzan a dejar sus estelas de condensación. Los espero mientras se aproximan y comienzan a perseguirnos. Son F-84. Podemos ganarles en velocidad. No tienen posibilidades.

—¡Dinamita Tres, rompe a la derecha!

En esta oportunidad ha sido el compañero de ala el que ha dado la orden al Jefe. Tres se retuerce en un viraje cerrado y trata de acumular toda la presión posible hacia atrás para que la corriente de aire sobre las alas mantenga una buena sustentación. Lo sigo con una maniobra que me permita continuar por el interior de su viraje y no dejo de observar a los atacantes. Llevan demasiada velocidad como para poder imitar nuestro viraje y se alejan por el exterior de la curva trazada. Sin embargo, no son fáciles de engañar, ya que de inmediato retroceden y convierten su velocidad en altura para efectuar una nueva pasada. Pero ya han perdido el factor sorpresa con el cual contaban. Con nuestras palancas de gases a fondo estamos ganando velocidad. El combate ha terminado.

Un combate aéreo se desarrolla como los movimientos de los peces que se abalanzan sobre migajas de pan. Comienza a gran altura, cruzándose y volviéndose a cruzar en el cielo con los rastros grises de condensación y luego, lentamente, se baja y se baja. Cada giro significa la pérdida de un poco de altura. Y la menor altura quiere decir que los aviones pueden virar en círculos más cerrados, que la velocidad se gana con mayor facilidad y que es posible acumular más presión antes de perder la sustentación. El combate se desenvuelve en círculos, a través de las tácticas y del lenguaje de los combates aéreos: tijeras, tonel defensivo, yo-yos y...

—¡Rompe a la derecha, Tres!

Ni siquiera rozo el disparador. Sólo observo la aproximación de otros enemigos. Y después de que Tres fija su atención en uno de los aviones atacantes, mis ojos son los únicos que están alertas al peligro. Tres se concentra absolutamente en su ataque y depende de mí para que lo libre de otros aviones enemigos. Si quisiera librarme de él durante un combate, me bastaría con dejar de observar y estudiar el cielo.

Mientras dura el combate aéreo, soy más que nunca la parte pensante de esta máquina viviente. No me queda tiempo para echar una mirada a los indicadores, relojes o conmutadores de la cabina. Acciono la palanca de control, la palanca de gases y los pedales del timón en forma inconsciente. Deseo estar allí y allí estoy. La tierra no existe, hasta que pasen los últimos minutos de un combate que se dejó llevar a una altura demasiado baja. Vuelo y lucho en un espacio como un bloque. Éste es el juego ideal de un tablero de ajedrez en tercera dimensión, donde los movimientos se efectúan con un abandono despiadado.

En los combates de dos naves hay un solo factor que debe tomarse en consideración: el avión enemigo. Me preocupa únicamente mantenerme tras su cola, seguido con el punto blanco del visor y apretar el gatillo que toma fotografías de su tobera de cola. Si él se encontrara tras mi cola, no existen los trucos prohibidos.

Haré todo cuanto esté a mi alcance para evitar que

me siga teniendo bajo su mira y para cambiar de posición. En un combate aéreo puedo efectuar maniobras que jamás sería capaz de repetir, aunque lo intentara.

En cierta ocasión vi un avión que daba vueltas sobre sí mismo. Durante unos segundos, el caza estuvo avanzando de cola y el humo surgió de ambos extremos de la nave. Más tarde, una vez en tierra, dedujimos que el piloto había forzado su avión a entrar en una serie de rizos interrumpidos que, simplemente, no pueden llevarse a cabo con aviones de caza pesados. Pero la maniobra logró su objetivo y se zafó del enemigo a su cola.

Las cosas se complican cuando otros aviones entran en el combate. Debo tener en cuenta que este avión es aliado y ese otro es enemigo; y que no puedo efectuar un viraje a la derecha porque allí se encuentran dos aviones combatiendo y pasaría por el medio de ellos. Los choques en el aire son bastante raros, pero no dejan de ser una posibilidad si uno se despreocupa demasiado en medio del combate entre varios aviones.

John Larkin recibió el impacto de un Sabre que lo vio demasiado tarde para conseguir desviarse del curso que traía.

—No supe lo que me había sucedido —me contó—. Pero mi avión comenzó a dar tumbos y no tardé demasiado en darme cuenta de que estaba tocado. Tiré de la manilla del asiento, pulsé el disparador y lo que recuerdo a continuación es que me vi envuelto por una nube de trozos de avión que se separaban del asiento.

«Me encontraba a buena altura, quizás unos treinta y cinco mil pies. De manera que me dejé caer libremente hasta que la tierra comenzó a tomar color. Justo en el instante en que me disponía a tirar de la cuerda, el sistema automático abrió el paracaídas y tuve un buen descenso. La cola del avión pasó junto a mí y observé cómo se estrellaba en los cerros... Un par de minutos más tarde me hallaba sano y salvo en tierra, y sólo se me ocurrió pensar en la cantidad de papeles que tendría que llenar.»

Fueron muchos los formularios que debieron llenarse y este recuerdo me obliga a ser doblemente cuidadoso, hasta el día de hoy, cuando me encuentro en un combate aéreo. Sin todo este papeleo, en la guerra me sentiré bastante más libre para luchar.

Si los espirales de descenso conducen hasta la proximidad de cerros que deben ser evitados como parte de las tácticas de vuelo, el combate se termina por mutuo consentimiento. Sucede igual que con los boxeadores que levantan sus puños mientras el oponente se encuentra en las cuerdas. Ciertamente, en la guerra real, el combate sigue hasta el mismo suelo, y yo estudio todos los trucos y métodos que existen para aplicarlos contra el enemigo y obligarlo a estrellarse contra los cerros. Algún día podría ser de importancia.

La aguja ancha y luminosa del TACAN oscila tranquilamente cuando vuelo sobre Spangdahlem a las 22:18. Se ha completado una fase más del vuelo.

Como si reconociera que Spangdahlem es un punto de referencia y que las cosas deben comenzar a suceder, la nube gruesa y oscura deja de jugar y abruptamente envuelve mi avión en las tinieblas. Me siento incómodo unos instantes y me empino sobre el asiento para mirar por encima de la nube. Pero los segundos pasan rápidamente y ahora son los instrumentos los que conducen el vuelo de mi nave.

Sin embargo, por un momento, lanzo una mirada a través de la cúpula de la cabina. Arriba, la última estrella se desvanece y el cielo se oscurece y su rostro se pierde lo mismo que a mi alrededor. Las estrellas se han marchado y, ciertamente, mi vuelo debe continuar con los instrumentos.

4

—Control Rhein, Reactor de la Fuerza Aérea Dos Nueve Cuatro Cero Cinco, Spangdahlem, fuera.

No sé si esperar o no una respuesta de esta caprichosa radio. Ese «fuera» que utilizo en raras ocasiones encierra una especie de esperanza. Tengo mis dudas.

—Reactor Cuatro Cero Cinco, Control Rhein, adelante.

Algún día dejaré de hacer pronósticos sobre el funcionamiento de una radio UHF.

—Entendido, Rhein. Cero Cinco pasó por Spangdahlem a las dos nueve. Nivel de vuelo tres tres cero, de acuerdo con instrucciones recibidas de vuelo instrumental. Wiesbaden a las tres siete, luego Phalsbourg. Por favor, ¿cuál es el último informe del tiempo en la Base Aérea de Chaumont?

Sigue una pausa prolongada de estática débil y vacilante. El dedo pulgar de mi mano comienza a pesar sobre el botón del micrófono.

—Cero Cinco, anotada su posición. Último informe del tiempo en Chaumont es cielos cubiertos a los mil, visibilidad de cinco millas con lluvia, vientos del oeste con velocidad de uno cero nudos.

—Gracias, Rhein. ¿Y qué me dice del tiempo en Phalsbourg?

La estática sube de volumen y en el parabrisas se refleja una luz azul brillante y clara. El fuego de San Telmo. No es peligroso y el espectáculo es bello de observar, pero la navegación por radio de baja frecuencia se transforma en un nudo de estimaciones y adivinanzas. La aguja del radiogoniómetro oscila en un arco sin rumbo fijo. Es agradable saber que se cuenta con el TACAN.

—Cero Cinco, el tiempo en Phalsbourg no está bien registrado en nuestras máquinas. Estrasburgo informa sobre cielos cubiertos a ochocientos pies, visibilidad de una milla y media bajo fuerte lluvia, vientos variables de velocidad dos cero creciendo a tres cero, tormentas aisladas en todos los cuadrantes.

Estrasburgo se encuentra a la izquierda de mi ruta, pero podría encontrarme con los límites de su zona de tormentas. Lástima que Phalsbourg haya fallado. Esto sucede siempre con lo que más se necesita.

—Rhein, ¿cuál es el último informe que recibió de Phalsbourg?

Un informe del estado del tiempo mal recibido a través del teletipo es realmente algo difícil de descifrar. Puede tratarse de un embrollo de consonantes que no significan nada o una mancha negra producida al reproducirse un informe sobre otro.

—El último informe, señor, es de hace un par de horas. Hablaba de cielos cubiertos a quinientos metros de altura, visibilidad de un cuarto de milla bajo... —hace una pausa y suelta el botón del micrófono. Ahí se escucha nuevamente—... bajo granizo. Pero esto podría ser un error tipográfico. Tormentas repartidas por todos los cuadrantes.

Un cuarto de milla de visibilidad bajo granizo. He oído hablar de tormentas de gran violencia, pero ésta es la primera vez que tengo referencia directa sobre una de ellas, mientras realizo vuelo instrumental. Sin embargo, la información fue transmitida hace dos horas y las tormentas son focos aislados. Generalmente, las tormentas no duran demasiado con toda su violencia y es posible que, desde una estación en tierra, pueda obtener un vector de radar que me informe sobre su centro de actividad.

—Gracias, Rhein.

La atmósfera está serena en los estratos y no me es difícil mantener el nuevo rumbo de 093 grados. No obstante, comienzo a pensar que el desvío que tomé no me alejó lo suficiente del núcleo de mal tiempo.

Ya se me ha hecho rutinaria la comprobación de los instrumentos y, ocasionalmente, puedo levantar la vista para admirar ese fuego líquido de color azul pálido que se refleja en el parabrisas. Su tono es como el cobalto brillante y contiene una luminosidad interna que sorprende en estas grandes alturas. Y su consistencia es líquida como el agua. Se retuerce sobre el parabrisas en pequeños chorros de lluvia azul que contrastan con el fondo oscuro de la noche. Su luz mezclada con la luminosidad roja de la cabina transforma el panel de instrumentos en un cuadro surrealista pintado con fuertes trazos de óleo. Bajo la luz roja inmutable y el oscilante resplandor azulado del fuego eléctrico sobre el cristal, la única diferencia entre mis agujas y las del pintor es que algunas de las mías se mueven.

Regresar.

La atmósfera está en calma. Excepto los balanceos de la aguja del radiogoniómetro y el rodar del tambor del equipo de medición de distancia, el resto de las agujas sólo giran imperceptiblemente cuando efectúo las correcciones necesarias para permanecer en los 33.000 pies de altura. El avión vuela normalmente y el UHF ha decidido volver al trabajo.

Más allá hay tormentas, y este avión es muy pequeño.

Las comprobaciones de los instrumentos se efectúan con tanta calma que no es necesario apresurarse para incluir en ellas una mirada al nivel del combustible y su estado de flujo. El indicador del oxígeno, de color verde pálido, pestañea cada vez que respiro. Compruebo también los medidores de presión del sistema hidráulico; el voltímetro, el indicador de carga, la temperatura en la tobera de cola. Todos ellos son mis amigos y todos se encuentran marcando el color verde.

No lograré sobrevivir a las tormentas.

¿Qué ha sido eso? ¿Miedo? Esas vocecillas medio ocultas que se filtran en mis pensamientos como mariposas escurridizas podrían darle el título de miedo, pero sólo en el caso de que se estire tanto el significado de la palabra como para que logre cubrir también lo que siento poco antes de iniciar el cruce de una autopista muy concurrida. Si reaccionara ante estos pensamientos a medias, habría dejado de volar mucho antes de que despegara por primera vez de una pista en esos ligeros aviones de entrenamiento propulsados a hélice.

El cielo de Florida es de un color azul alegre, manchado aquí y allá por los cúmulos que subsisten eternamente en los veranos del sur. El metal de mi primera avioneta de entrenamiento sufre el calor del sol. Pero, ante el hecho de volar por primera vez en la Fuerza Aérea de Estados Unidos, no es el calor lo que me preocupa.

El hombre que se acomoda en la cabina posterior no es importante, pero refleja esa confianza tranquila de aquellos que tienen poder y saben hacer las cosas.

—Ponga en marcha el motor y salgamos de aquí —son las primeras palabras que escucho del instructor de vuelo.

Mi confianza no es tan grande como la suya, pero muevo las palancas e interruptores que he estudiado en los manuales de instrucción.

—¡Despejen! —grito, tal como debe hacerse.

Doy el contacto y, por primera vez, siento esa extraña sensación de seguridad instantánea sobre mi capacidad de hacer bien las cosas. Y así comienzo a aprender.

Cuando pasan los meses, descubro que la única ocasión en que siento miedo en un avión es en aquellos instantes en que no sé cuál es el próximo movimiento.

El motor se detiene en el despegue. Bajo el avión se extiende un pantano cubierto de árboles secos y rotos, el musgo cuelga de sus ramas y sus aguas están infestadas de caimanes y serpientes venenosas. No hay un metro de tierra seca donde posar las ruedas. Tiempo atrás habría sentido miedo, porque entonces no sabía qué hacer con un motor parado, con el pantano y los caimanes. Habría tenido tiempo de pensar «Ésta es la forma en que moriré», antes de estrellarme contra los árboles y que mi avión se destruyera y se hundiera en las oscuras y verdosas aguas.

Pero, desde el momento que soy capaz de pilotar el avión, sé qué hacer. En vez de morir, inclino el morro, cambio los depósitos de combustible, hago funcionar la bomba auxiliar y enriquezco la mezcla, recojo el tren de aterrizaje y los flaps de las alas, bombeo el estrangulador, oriento el avión de manera que el fuselaje y la cabina pasen entre los troncos de los árboles, tiro de la manilla que expulsa la cúpula, aseguro el arnés que me sujeta los hombros, apago el magneto y el acumulador y me concentro en la tarea de aterrizar lo más suavemente posible sobre las oscuras aguas. Tengo confianza en el arnés y en mi habilidad y me olvido de los caimanes. Dos horas más tarde, me encuentro volando sobre el mismo pantano en un segundo avión.

Aprendo que lo que temo es lo que desconozco. Y, por mi propio orgullo y por la conciencia de saber que lo desconocido me matará, me esfuerzo en aprender todo cuanto me es posible acerca de mi avión. Jamás moriré.

Mi mejor amigo es el manual del piloto, que cambia con cada tipo de avión que debo volar. La Orden Técnica 1F-84F-1 describe mi avión: cada uno de sus indicadores, conmutadores y perillas. Ofrece los procedimientos normales de operación de la nave y, en páginas de bordes rojos, los procedimientos de emergencia para hacer frente a casi cualquier situación crítica que se presente mientras me encuentro en su cabina. El manual del piloto me señala cómo se siente el avión cuando vuela, lo que puede hacer y lo que no puede hacer; lo que puede esperarse de él cuando atraviesa la barrera del sonido, y lo que debo hacer si de pronto me encuentro en un avión que ha sido forzado más allá de sus posibilidades y comienza a caer en tirabuzón. Contiene planos detallados del funcionamiento de mi avión, indicándome cuántas millas puede volar, a qué velocidad puede hacerlo y cuánto combustible necesitará.

Estudio el manual del piloto lo mismo que el seminarista estudia la Biblia. Y si él relee de vez en cuando los Salmos, yo releo también las páginas de bordes rojos de la Sección III. Incendio en el motor durante el despegue; después del despegue; en altura. Pérdida de presión del aceite. Fuertes vibraciones en el motor. Humo en la cabina. Pérdida de presión hidráulica. Fallos eléctricos. Esto es lo mejor que puede hacerse; esto no es recomendable.

En mis días de cadete, estudié los procedimientos de emergencia durante las clases y en mis ratos libres, y los recité a gritos mientras corría hacia los barracones o fuera de ellos. Cuando me conozco todas las palabras de las páginas de bordes rojos y puedo gritarlas una a una mientras corro a lo largo de un extenso pasillo entre las filas de cadetes de las clases superiores, sólo entonces puedo decir que las he aprendido.

Los zapatos negros y relucientes avanzan por el pasillo. Corro.

—Planear a noventa millas. Cambiar los depósitos de combustible. Hacer funcionar las bombas auxiliares. Comprobar la presión del combustible. La riqueza de la mezcla. Hélice a fondo. Tren de aterrizaje arriba. Flaps arriba. Cabina abierta...

Hoy recuerdo con tanta claridad los procedimientos de aterrizaje forzoso en la avioneta de entrenamiento como los sabía entonces. Y nunca tuve miedo al volar en ese primer avión.

Pero un libro no puede contener todas las situaciones de emergencia; ni siquiera el manual del piloto. Esas situaciones marginales, como el programa de vuelo hasta un aeropuerto que se encuentra bajo mínimos, como perder de vista al Jefe de escuadrilla en medio de las nubes, como proseguir la ruta hasta enfrentarse a la tormenta, son situaciones que se dejan a lo que se llama juicio del piloto. En esos casos, las decisiones las tomo yo. Pongo en juego toda mi experiencia y mis conocimientos sobre la nave y analizo las variables: combustible, meteorología, otro avión que vuela junto a mí, condiciones de la pista, importancia de la misión. Y estas variables las comparo con la severidad de las tormentas. Entonces, lo mismo que una computadora de suave zumbido, calculo un plan de acción y lo sigo. Cancelar el vuelo hasta que pueda descansar. Bordear el núcleo de mal tiempo y aterrizar por mi cuenta después de mi Jefe de escuadrilla. Continuar hacia la tormenta. Regresar.

Una vez tomada la decisión, la sigo sin temor, porque es lo mejor que he podido discernir. Cualquier otro rumbo sería peligroso. Las causas de temor sólo pueden aparecer en aquellas horas intranquilas antes de poner en marcha el motor, cuando no me tomo la molestia de estar alerta.

Si me concentrara en tierra, podría estar temeroso, en un plano teórico y distinto. Pero, hasta el momento, no he conocido al piloto que se concentre en esa situación.

Me gusta volar, de manera que aprendo todo lo que puedo sobre los aviones y los pilotos. Pienso en mi trabajo bajo la misma luz que el constructor de un puente desde las altas vigas de acero piensa en el suyo: tiene sus peligros, pero es una buena forma de ganarse la vida. El peligro es un factor interesante, ya que desconozco si mi próximo vuelo será tranquilo o no. De vez en cuando, se me llama para subir al escenario, bajo las luces, y desempeñar un papel fuera de lo común; o, con menos frecuencia, hacer frente a una emergencia.

Las situaciones poco corrientes vienen de distintos tamaños y para todos los gustos: desde la falsa alarma hasta las emergencias más críticas que pueden acabar con mi existencia como miembro viviente de un escuadrón de combate.

Bajo el tren de aterrizaje durante la maniobra de aproximación final. Las pequeñas luces verdes que indican que las ruedas han descendido y se hallan firmes en su posición continúan apagadas durante un tiempo más prolongado de lo común. El tren de aterrizaje derecho baja y la luz se enciende. El tren de aterrizaje izquierdo también baja. Pero la luz del tren de aterrizaje de morro sigue apagada. Espero un momento y suspiro. La rueda de morro es una molestia continua, pero no es una emergencia en absoluto. En cuanto me doy cuenta de que no va a descender y ajustarse en su posición, la parte cautelosa de mi ser piensa en lo peor que puede ocurrir. Significa que el tren delantero se ha quedado en su compartimiento; que no podrá bajar; que tendré que aterrizar sólo con dos ruedas.

No hay peligro alguno (hace tiempo, un F-84 se tumbó durante un aterrizaje con dos ruedas y el piloto murió), aun cuando pueda suceder lo peor. Si el sistema normal de descenso del tren no funciona después de algunos intentos, si falla el sistema de emergencia de descenso del tren de aterrizaje, que lanza un fuerte chorro de aire comprimido sobre el tren de aterrizaje de la nariz, si no puedo soltar el tren delantero haciendo botar el tren de aterrizaje principal contra la pista... si todo esto falla, todavía no hay causas de preocupación (a no ser que el avión capote). Si el combustible me lo permite, volaré en círculos sobre el aeropuerto durante unos minutos, hasta que los camiones de los bomberos extiendan un colchón de espuma sobre la pista, y allí haré resbalar a mi avión sin su rueda delantera. Así aterrizaré.

La aproximación final es la misma de siempre. La cerca pasa rauda bajo las ruedas, como siempre lo ha hecho, excepto que ahora pasa bajo dos ruedas en vez de tres; que la sirena de alarma del tren de aterrizaje aúlla en el interior de la cabina; que la lucecilla roja brilla en la palanca de plástico; que la tercera luz está apagada; y que desde la torre de control se me avisa que la rueda delantera aún permanece encerrada en su trampa.

La mayor diferencia que se aprecia en la aproximación final radica en los ojos del observador; y son muchos los observadores. Cuando los vehículos contra incendios se lanzan sobre la pista con sus luces rojas encendidas, la tripulación de tierra y el resto de los pilotos se apresuran a trepar sobre las alas plateadas y cimbreantes de los aviones aparcados y esperan a ver qué sucederá. (Mira eso, Johnny, está en la aproximación final sin rueda delantera. Me han hablado de un F-84 que capotó en la pista tratando de hacer esta misma maniobra. Buena suerte, quienquiera que seas, y no te olvides de mantener el morro alto todo el tiempo que puedas.) Para ellos es algo muy interesante, pero bastante molesto para mí, porque es lo mismo que si a uno lo empujaran sobre el escenario sin tener ningún papel que desempeñar. No hay llamas; ni el silencio horrible de un motor apagado; una amenaza prácticamente inexistente de destrucción espectacular; no hay que recurrir a ninguna habilidad especial.

Simplemente aterrizo, y de las dos ruedas principales surgen las plumillas de humo azul de los neumáticos al chocar contra el duro pavimento. Disminuyo a 100 nudos durante la carrera de aterrizaje y toco ligeramente el timón derecho para enfilar la estrecha faja de espuma entre las ruedas. Y luego, suave y gentilmente, el morro del avión, sin su rueda de aterrizaje, desciende.

En esos momentos, antes de que el morro metálico toque la pista, que me sienta impulsado hacia delante en la cabina y que la única visión a través del parabrisas sea la de la faja de espuma, el temor me invade súbitamente. Aquí es donde termina mi control y pasan a dominar los factores de la suerte. Una ráfaga de viento contra el timón elevado, y capotaré en medio de una nube arremolinada de llamas rojizas y brillantes y metales retorcidos; el avión volcará de cabeza y yo quedaré debajo; el motor recalentado explotará cuando la espuma fría penetre por la tobera de entrada. El suelo es duro y se acerca con gran rapidez y está muy cerca.

Corto gases y el morro se acomoda en la espuma.

Todo blanco. Intensamente blanco, y el mundo exterior desaparece y el metal gime contra el cemento, fuerte y agudamente, y aprieto los dientes y entreabro los ojos tras el visor y sé que mi avión sufre y que no lo merece y que es bueno y fiel y que está soportando el choque de 90 nudos contra la pista y que nada puedo hacer para aliviarle el dolor y que el gemido nunca cesará y que debo de haber resbalado unos mil pies y que aún siento la presión del arnés contra mis hombros y que el mundo es blanco porque la cúpula está bañada de espuma y que debo abrirla mientras el avión sigue patinando.

Cuando tiro de la palanca, se abre la cúpula de plexiglás cubierta de espuma con la misma suavidad que si nada hubiera sucedido. Y allí está el mundo nuevamente, con el cielo azul y la pista blanca que ya llega a su término y el prado verde a ambos lados del asfalto y el visor arriba y la máscara de oxígeno desconectada y todo en calma. El aire es fresco y suave y verde y estoy con vida. Apago el acumulador y corto el combustible. La calma es más pronunciada que nunca. Mi avión está herido y yo lo quiero mucho. No capotó ni volcó ni se incendió y a él le debo mi propia vida.

Se escucha el rugido de los motores de los vehículos contra incendios y pronto nos veremos rodeados por esos monstruos y por la gente que habla y, «Vaya, ¿por qué no bajó la rueda delantera?» y «Ese aterrizaje estuvo magnífico, muchacho», y «Deberías haber visto la espuma cómo saltó cuando chocó el morro». Pero, antes que llegue la gente, me siento en la cabina durante un segundo que parece un largo tiempo y le digo a mi nave que la amo y que no olvidaré que no cayó sobre mí o que explotó sobre la pista y que ella soportó todo el dolor mientras yo salí sin un rasguño y que guardaré entre nosotros el secreto de que la amo más de lo que podré decirle a cualquiera que me lo pregunte.

Algún día podré contarle este secreto a otro piloto cuando nos encontremos caminando solos de regreso de un vuelo nocturno en formación y la brisa sea fría y las estrellas brillen tanto como pueden cuando se las mira desde tierra.

—Nuestro avión es magnífico.

Su silencio durará un segundo más de lo necesario y dirá:

—Lo es.

Sabrá lo que le he dicho. Sabrá que yo amo a nuestro avión, no porque sea como algo vivo, sino porque realmente es algo vivo, aunque mucha gente cree que sólo se trata de un montón de aluminio, cristales, tornillos y cables. Pero yo lo sé y mi amigo también. Y eso es todo cuanto puede decirse.

A pesar de que tuvo sus momentos de temor y, aun cuando abrió un poco más la puerta de la comprensión, ese fallo del tren de aterrizaje delantero fue un accidente. No fue una emergencia. He sufrido algunos incidentes en las horas que he pasado en el interior de la pequeña cabina, pero hasta el momento no he experimentado una verdadera emergencia, ni he tenido que tomar la decisión de tirar de las palancas amarillas del asiento eyectable, pulsar el disparador rojo y despedirme rápidamente de un avión que va al encuentro de su muerte. Sin embargo, de acuerdo con los periódicos, eso es lo que yo debería suponer que sucede todos los días en la Fuerza Aérea.

Al principio, me sentí preparado para ello. En mis primeras horas de vuelo solo, cuando el motor sonaba un tanto extraño, pensé en el asiento eyectable. Cuando, por primera vez en toda mi carrera, se encendió la luz que indica sobrecalentamiento en la tobera de cola, pensé en el asiento eyectable. Cuando prácticamente estaba seco de combustible y perdido en medio de una tormenta, pensé en el asiento eyectable. Pero esa parte de mi mente que se encarga de la cautela puede aullar de alarma todas las veces que quiera, hasta que logre penetrar en su juego y darme cuenta de que puede transcurrir toda mi carrera sin que tenga que abandonar el avión en pleno vuelo y en el frío de las alturas. Pero es bueno saber que, justo detrás del asiento, una bala de cañón de 35 milímetros espera el momento en que yo apriete el gatillo.

Si me estrello en el aire contra otro avión, el asiento está atento para librarme de la muerte. Si pierdo toda la presión hidráulica sobre los controles de vuelo, también está atento. Si caigo en barrena y no puedo recuperarme antes de que la tierra se acerque demasiado, el asiento está atento. Ésta es una ventaja que no tienen los aviones convencionales ni los pilotos de transporte. Y siento un poco de lástima por ellos, ya que deben hacer frente a una tarea tan peligrosa.

Los pilotos de transporte, aun cuando no lleven pasajeros, si se estrellan contra otro avión en pleno vuelo no tienen la menor oportunidad de arrastrarse hasta la salida de emergencia y lanzarse en paracaídas. Sólo pueden permanecer en sus asientos y luchar con los inútiles controles de un ala que ha desaparecido y caer en barrena hasta que el avión se detenga contra la tierra.

Pero no sucede lo mismo con los pilotos de monomotores. Se encuentre en un ascenso, o en un picado, o en vuelo invertido, o en barrena, o destruido en pedazos, es muy raro que el avión sea el lugar donde encuentren la muerte. Existe un margen estrecho cerca de tierra durante el cual el asiento eyectable es sólo cuestión de suerte. Y en ese margen transcurren cinco segundos desde el momento en que el avión deja la pista. Después de esos cinco segundos, ya he acelerado lo suficiente como para ascender a una altura que me permita saltar; antes de esos cinco segundos, puedo descender nuevamente sobre la pista e incrustarme contra la red de nailon y los cables de acero de la barrera de frenado de emergencia. Si me estrello contra esa barrera, incluso a 150 nudos, engancho un cable de acero y el cable arrastra una larga cadena de ancla. Y no existe avión en el mundo que pueda seguir avanzando para siempre con las toneladas de peso de esa cadena. Los cinco segundos son los críticos. Puedo saltar con el asiento eyectable incluso antes de recoger los flaps en el despegue y si el motor explota. Y no hay motor que explote sin advertirlo previamente.

Volar no encierra peligros y mucho menos si se trata de un avión de combate monomotor. Prefiero volar de un lugar a otro que trasladarme en esos aparatos increíblemente peligrosos que llaman automóviles. Cuando vuelo, dependo de mi propia habilidad y no estoy sujeto a las variables de otros conductores, de los neumáticos pinchados a alta velocidad, de las señales de cruce de caminos que no funcionan en los peores momentos. Una vez que logro conocer a mi avión, con sus procedimientos de emergencia y el asiento eyectable siempre atento, volar es muchas veces más seguro que conducir un coche.

Faltan cuatro minutos para llegar a Wiesbaden. Continúo las comprobaciones de los instrumentos. La atmósfera sigue tranquila. Descanso y me dejo llevar por la corriente del río del tiempo.

Cuando era muchacho, viví en un pueblo que pasaría en un suspiro al sobrevolarlo a 500 nudos. Salía a pasear en bicicleta, asistía a clases, trabajaba en tareas menores y pasaba algunas horas en el aeródromo contemplando los aviones en su continuo ir y venir. ¿Pilotar uno yo mismo? Jamás. Es muy difícil para mí. Demasiado complicado.

Pero llegó el día en que tuve a mis espaldas la típica historia de un cadete de aviación también típico. No alcancé las mejores calificaciones en mi primer año de clases y estaba seguro de que la vida del campus no era la mejor forma de alcanzar la educación. Por razones que aún no logro comprender, entré en una oficina de reclutamiento y le dije al hombre que se hallaba tras el escritorio que deseaba ser piloto de la Fuerza Aérea. En realidad, no sabía exactamente lo que significaba ser piloto de la Fuerza Aérea, pero algo tenía en común con la aventura y las emociones. Y así yo habría dado comienzo a la Vida.

Para sorpresa mía, aprobé los exámenes. Hermané los pequeños aviones de los dibujos con las fotografías. Identifiqué el terreno definido previamente en el Mapa Dos. Escribí que el Engranaje K rotaría en dirección contraria a las agujas del reloj si la Palanca A se empujaba hacia delante. Los doctores me auscultaron, descubrieron que mi respiración no se detenía y, de pronto, se me ofreció la oportunidad de ingresar como Cadete de Aviación de la Fuerza Aérea de Estados Unidos. No la dejé pasar.

Alcé la mano derecha y descubrí que mi nombre era Nuevo Cadete de Aviación Bach, Richard D.; A-D Uno Nueve Cinco Seis Tres Tres Uno Dos. Señor.

Durante tres meses la única forma de vida fue en tierra. Aprendí a marchar, a correr, a disparar la pistola calibre 45. De vez en cuando, logré divisar un avión que pasaba sobre la base de entrenamiento.

El resto de los cadetes procedía de un ambiente extrañamente similar. La mayoría de ellos jamás había pisado un avión y casi todos habían fracasado en su intento de seguir un tipo de educación superior. Decidieron tomar el camino de las Emociones y de la Aventura. Sudaron junto a mí bajo el sol de Tejas, memorizaron los Reglamentos Generales, el Discurso de Washington y el Código de Honor de los Cadetes de la Aviación. Todos eran jóvenes, lo suficiente como para tomar la vida sin necesidad de escribir manifiestos o presentarse ante el comandante con el cuento de que ya estaban hartos de este tratamiento de mano dura por parte de los cursos superiores. También nosotros, cuando nos llegó el turno, alcanzamos los cursos superiores y, con una o dos bandas en las hombreras, aprendimos a tener mano dura con los de las clases inferiores. Si no pueden soportar las burlas o las bromas durante unos minutos, quiere decir que jamás llegarán a ser buenos pilotos.

Escuche, señor, ¿usted cree que esta broma es un programa? ¿Está sonriendo, señor? ¿Está demostrando sus emociones? ¡No aparte su vista de la mía, señor! ¿No tiene ningún control sobre sí mismo? ¡Dios se apiade de la Fuerza Aérea de Estados Unidos si usted llega a ser piloto! Y de pronto finalizó el Entrenamiento de Prevuelo y nos transformamos en los alumnos de las clases inferiores de una base donde comenzamos a aprender sobre aviones. Allí sentimos por primera vez ese olor a aluminio-goma-pintura-aceite-paracaídas que se respira en el interior de la cabina. Desde entonces comenzó a tomar forma la idea, compartida en secreto por todos los cadetes de la clase, de que el avión es realmente algo vivo y que le gusta volar.

Durante seis meses estudié teoría, adoré las horas de vuelo y me aburrí con las inspecciones militares y los desfiles. Luego terminé la Escuela Primaria de Vuelo para integrarme al curso inferior de la Escuela Básica de Vuelo. Allí conocí el mundo de la turbina y de la velocidad. Mi primer día de clase transcurrió en la Escuela Básica de Vuelo en Monomotor.

Todo es nuevo, fresco, excitante e inminentemente tangible. Un rótulo dice: CLUB DE CADETES; una fila de barracones de cartón alquitranado; césped bien cortado; veredas sin maleza; un sol caliente; un sol brillante; el cielo azul, ilimitado y libre sobre mi gorra limpia y los hombros sin distintivos. Un rostro desconocido subido a una tarima y un par de guantes blancos.

—Alinearse, señores.

Se escucha el silbido de cuatro aviones de entrenamiento bañados por el sol que pasan sobre la base. Reactores.

—Apresúrense, señores. Alinearse.

Nos alineamos.

—Bienvenidos a la Fuerza Aérea, señores. Ésta es la Escuela Básica.

Una pausa durante la cual se oye el distante rugido de una aceleración a fondo y luego el despegue.

—Aquí es donde los tigres obtendrán sus rayas. Éste no es un lugar de diversión, y los programas no son sencillos. Si no los soportan, se van. De manera que ustedes eran el Grupo de Comandantes de Cadetes en la Primaria. Si pierden interés, si se cansan de los libros deben marcharse. Mantengan un buen ritmo de trabajo y aprobarán. ¡AlineAAAR! ¡De frente, MAAAR!

La bolsa B-4 pesa en la mano derecha. El polvo se pega a las botas recién lustradas. El aire caliente no se enfría cuando paso a través de él. Los tacones de goma negra pisan el asfalto polvoriento. A cierta distancia, un solitario reactor de entrenamiento se dirige a la pista. Solo. Me encuentro a gran distancia de la Escuela Primaria de Vuelo. A gran distancia del ruido entrecortado del motor del T-28, propulsado a hélice. Y aun a gran distancia de las alas plateadas que lucirán en el bolsillo superior izquierdo. ¿Dónde están los cerros? ¿Dónde los verdes prados? ¿Y el aire fresco? Están en la Escuela Primaria de Vuelo. Esto es Tejas. Ésta es la Escuela Básica.

—El programa exigirá grandes esfuerzos... —dice el comandante.

—Y es mejor que no se despisten en mi escuadrilla... —dice el comandante de escuadrilla.

—Éstos son sus barracones —nos dice el hombre de los guantes blancos—. En cada habitación encontrarán los manuales del piloto del T-33. Apréndanse los procedimientos de emergencia. Cada uno de ellos. Se los interrogará. Más tarde una segunda persona responderá a sus preguntas.

Preguntas.

—¿Las inspecciones son cada sábado?

—¿Los cursos son muy difíciles?

—¿Qué se siente en un avión?

—¿Cuándo volamos?

Una noche fría en una cama impecable. A través de la ventana llega el frío enviado por las conocidas estrellas. La charla se inicia en los oscuros barracones.

—¡Imagínense, muchachos, por fin los reactores!

—De manera que los cursos son duros. Tendrán que echarme. Jamás desistiré por que el programa sea difícil.

—La velocidad final con las compuertas abiertas de los cañones es uno veinte, más el combustible, más diez, ¿verdad?

—Veamos, Johnny, aquí dice... «¿ascender a veinticinco mil y alabear?». ¡Veinticinco mil pies! ¡Hombre, estamos volando en reactores!

—Jamás pensé que lograría llegar a la Básica. Ha pasado tanto tiempo desde la Escuela de Prevuelo...

Tras las conversaciones en voz baja, se escucha el rugido de las turbinas en vuelo nocturno. Las clases superiores aprenden y entrenan y los resplandores de las luces de aterrizaje se reflejan unos instantes en el muro opuesto a mi ventana abierta.

El sueño es ligero. Se oyen las voces de los estudiantes de los cursos más avanzados cuando pasan junto a la ventana, de regreso en la oscuridad.

—¡Nunca había visto eso en mi vida! ¡Sólo un noventa y cinco por ciento de potencia y su tobera de cola estaba al rojo vivo... realmente roja!

Y entonces me ordenaron ascender al Sector Uno hasta 30.000 pies. Ni siquiera pude encontrar la base, mucho menos el Sector Uno...

Mi reloj luminoso de la Fuerza Aérea señala las 0300. Sueños extraños. La hermosa rubia levanta su mirada. Y me hace una pregunta. «¿Cuál es la velocidad en la aproximación final y con trescientos cincuenta galones de combustible a bordo?» Un panel de instrumentos increíblemente complejo y confuso, donde destaca un altímetro inmenso que indica 30.000 pies. Los cascos con sus visores, los asientos eyectables y sus respaldos rojos, instrumentos, instrumentos.

El sueño es absorbido por la almohada y la noche sigue quieta y oscura. ¿Qué hago yo con un indicador de carga en cero? Acumulador *fuera*... no... Acumulador *encendido*... no... no... «hacer funcionar el sistema eléctrico»... En el exterior, el resplandor verde y el breve rayo blanco del faro de la torre de control gira, gira y gira.

Pero los días pasan y continúo aprendiendo. Debo preocuparme de las escuelas de tierra y de las conferencias; de los primeros vuelos en el T-33; y de mi vuelo solo, una vez que han transcurrido diez horas en el aire con el instructor en el asiento posterior. Y luego siguen los instrumentos y el control preciso del avión en cualquier tipo de meteorología. Los vuelos en formación. La navegación.

Todo sería muy divertido si tuviera la certeza de que, finalmente, aprobaré con éxito el Entrenamiento Básico y que, por último, luciré las alas plateadas. Pero, cuando comienza a conocerse el vuelo instrumental, es algo bastante difícil, y mi curso, que comenzó con 112 alumnos en el Prevuelo, ahora está reducido a 63. Ninguno ha muerto en un accidente de aviación. Ninguno ha saltado en paracaídas o se ha lanzado en el asiento eyectable desde un avión. Por una razón u otra, por deficiencia académica, militar o de vuelo, o simplemente, a veces, porque alguien se hartó de la rutina estrechamente controlada, lo cierto es que, una tarde cualquiera, un cadete prepara su bolsa B-4 y desaparece en ese gigante que es la Fuerza Aérea.

Yo contaba con que algunos no terminarían el programa. Pero me había imaginado que su final vendría bajo la forma de una llamarada violenta o de una brillante nube en espiral, sembrada de fragmentos metálicos, después de una colisión en el aire.

Y estos accidentes casi pueden suceder. Vuelo como Jefe de Escuadrilla de un grupo de cuatro T-33. A 375 nudos y con un cielo despejado sobre nuestras cabezas, tiro hacia atrás de la palanca de control para dar comienzo a una hoja de trébol. Los aviones acaban de pasar la vertical, con sus narices rectas hacia el cielo, cuando un fulgor plateado y borroso se cruza en nuestro camino y luego desaparece. Finalizo la hoja de trébol, con mis compañeros de vuelo manteniendo toda su atención en mi avión y esforzándose por no separarse de sus posiciones. Giro en el asiento y veo la nave que casi nos borra a todos del cielo. Pero ya ha desaparecido, totalmente, como si jamás hubiera existido. No habríamos tenido tiempo para reaccionar, o sentir temor, o para saber de dónde vino. Simplemente, frente a mí, pasó un resplandor plateado que destacó contra el cielo. Pienso en ello unos instantes y, luego, comienzo la segunda hoja de trébol.

Semanas más tarde le sucedió lo mismo a un cadete de un curso inferior mientras practicaba acrobacias a 20.000 pies de altura, solo.

«Me encontraba en la cumbre de un Ocho Cubano y empezaba a descender cuando sentí un ligero golpe sordo. Al salir del rizo, me di cuenta de que había desaparecido el depósito derecho de la punta del ala y que el extremo de ésta presentaba unas abolladuras muy marcadas. Pensé que lo mejor sería volver a casa.»

Ni siquiera le dio tiempo a vislumbrar el paso del avión que lo impactó. Una vez que aterrizó y nos relató lo sucedido, la base entera se sentó a esperar el regreso del otro avión. Pasó más de una hora y, en la lista de control de despegue, sólo faltaba un avión que llenara su hoja de «Regreso». Los aviones de búsqueda se elevaron en el aire, dejando sus rastros en el polvo como robots eficientes y rápidos que salen en busca del miembro caído de su clan. Vino la oscuridad y los robots no encontraron nada.

La base se mantuvo en silencio, con la respiración contenida. Durante la cena, los comedores de los cadetes permanecieron callados. Esta noche no están todos en casa. «Pásame la sal, por favor, Johnny.» Se escucha el sonido metálico de los tenedores sobre los platos de loza. Me dijeron que se trataba de un alumno del curso superior en la otra escuadrilla. Voces bajas y tintineos mudos. Al otro lado de la habitación, una sonrisa. Debería presentarse en cualquier momento. «¿Alguien desea más leche?» No se puede matar a un alumno de un curso superior.

Al día siguiente, supimos las noticias oficiales en torno de las mesas cuadradas y pintadas de verde oliva de la sala de reuniones del edificio de vuelos. Se puede matar un alumno de un curso superior. «Señores, estudiemos un poco la situación. Deben recordar que, sólo en esta base, durante el día salen a volar sesenta aviones. Aquí no existen los pilotos de bombarderos. Métanse eso bien en la cabeza y jamás dejen de mirar en todas direcciones.»

Recibimos las instrucciones y partimos en la siguiente misión.

Súbitamente, sin saber cómo ni cuándo, lo logramos. Sucedió una mañana larga y temprana, mientras nos encontrábamos en posición de descanso frente a la impecable formación de los cursos inferiores; una pasada rasante de dieciséis aviones; el discurso de un general y luego el del comandante de la base.

Me devolvieron el saludo militar, un apretón de manos y me entregaron un juego frío de pequeñas alas que lanzaban su brillo plateado. Lo logré. Estoy vivo. Siguen las órdenes para integrar el entrenamiento avanzado de vuelo y la presencia de ese número glorioso que envuelve al F-84F. Soy piloto. Un piloto calificado de la Fuerza Aérea. Un piloto de combate.

La noche alemana me rodea completamente y hasta mis suaves auriculares llega la estática fuerte y sólida procedente del fuego azul que se desliza a lo largo del parabrisas y por la antena de baja frecuencia instalada en la panza de mi nave. La aguja fina del radiogoniómetro se excita por momentos, brincando hacia la derecha; por cierto, siempre hacia la derecha. Allí oscila unos segundos y luego regresa hacia Spandgdahlem, a mis espaldas. Y nuevamente salta en dirección al extremo del ala derecha. Una vez más me siento feliz de contar con el TACAN.

La atmósfera continúa serena y suave como el terciopelo, pero me afirmo contra el cinturón de seguridad y el arnés que sujeta los hombros. Aumento la intensidad de la luz de la cabina. En las escuelas de aviación dicen que la luz brillante contribuye a destruir la visión nocturna. Pero, esta noche, la diferencia no es mucha, ya que fuera del plexiglás nada es visible. Además, la luz brillante me facilita la lectura de los instrumentos. Y bajo esa luminosidad no me cegarán los rayos. Estoy bien asegurado al asiento; tengo los guantes puestos; la correa de la barbilla del casco está abrochada; la cazadora de vuelo con el cierre subido; siento las botas firmes y cómodas. Estoy preparado para cualquier cosa que pueda depararme la meteorología. Durante unos instantes pienso en activar el mecanismo de las ametralladoras, pero es sólo una idea irracional que pronto desaparece. Compruebo nuevamente el funcionamiento del descongelador, el Pitot y las pantallas del motor. Ven a mi encuentro, tormenta. Pero la atmósfera sigue suave y calmada; minuto a minuto quedan atrás las posibilidades de buen tiempo y se agregan a los requerimientos del vuelo instrumental.

Soy un tonto. Aquí estoy, nervioso como un gato, pensando en una tormenta que, probablemente, ya desapareció de mi rumbo. Y, a 30.000 pies de altura, las tormentas no son tan violentas como en las altitudes más bajas. Según lo que puedo recordar, es muy extraño encontrar granizo en las tormentas a estas alturas. Además, los rayos nunca han sido causa directa de los accidentes aéreos. Estas precauciones tan elaboradas van a parecer bastante infantiles una vez que me encuentre en Chaumont, en media hora más, cuando suba por la bulliciosa escalera de madera que conduce a mi habitación, me quite las botas y termine la carta para mi casa. Dentro de dos horas, estaré profundamente dormido.

Aun así, quisiera terminar pronto con este vuelo. Creo que yo no sería un buen piloto de intercepción que vuela bajo cualquier condición climática. Quizá, con un entrenamiento adecuado, podría acostumbrarme a las horas y horas de mal tiempo y tormentas. Pero, en estos momentos, me siento feliz de ser un piloto de combate que tiene la tarea de disparar sobre objetos que puede ver.

Me han dicho que a los pilotos interceptadores ni siquiera se les permite girar sus aviones: nunca se libran del sistema electrónico. Es una forma monótona de vivir, continuamente manteniendo una dirección recta, altura nivelada y siempre el vuelo instrumental. Pobres tipos.

Podría sentir un poco de envidia, sólo un poco, del piloto del F-106, el interceptador de grandes alas en delta. Y él podría sentir un poco de envidia, sólo un poco, frente a la misión que se me ha encargado. Este piloto tiene el avión más moderno y un motor repleto de velocidad escalofriante. El gigantesco delta gris podría ser un buen avión de combate aéreo, pero, día tras día, sus ataques ciegos se realizan sobre pequeños puntitos verdosos en la pantalla de su radar. Mi F-84F es más antiguo y menos veloz y, muy pronto, su aluminio escultural pasará a la galería de los recuerdos. Pero la misión que tengo es una de las mejores que puede ser encomendada a un piloto.

Por ejemplo, la misión de Control Aéreo Avanzado *(Forward Air Controller),* al cual se le llama FAC. Las pasadas rasantes y atronadoras y el visor sobre las columnas de camiones del agresor. Eso es FAC.

—Jaque Mate, aquí Delta Bípedo. Un grupo de infantería y dos tanques se aproximan a mi posición. Se encuentran en la elevación, un poco al sur del castillo junto al camino de tierra. ¿Puede verlos?

Debajo de mí se extienden los cerros de Alemania que comienzan a reverdecer, como un tablero de ajedrez, en esta nueva maniobra de guerra. Ser FAC para un piloto es un trabajo muy poco agradable. Se está allí, enterrado en el fango junto al Ejército, en un jeep y con un transmisor de radio y, mientras tanto, sus amigos se preparan para el ataque.

—Entendido, Delta. Veo el castillo y el camino, pero no al enemigo.

Junto al camino se observan unos puntitos que se desparraman.

—Ya los tengo. Sepárese, Dos.

—Jaque Mate, ¿cuál es su armamento?

—Napalm simulado y ametralladoras. Lanzaré el napalm en la primera pasada.

—Dese prisa, por favor. Los tanques se acercan a toda velocidad. Deben de haberlo visto.

—Entendido.

Me transformo en una palanca de control y en una palanca de gases, y el avión brinca y se lanza velozmente sobre el camino. Allí están los tanques. Nubecillas de polvo y hierba saltan tras sus orugas. Pero es lo mismo que si se encontraran atrapados en cera. Avanzo a una velocidad quince veces superior a la de ellos. Atacaré desde atrás. En medio de su mundo de cera, comienza a girar, levantando una lluvia de hierba de su oruga derecha. Inclino las alas levemente y me siento confiado, omnipotente, como un águila que se lanza sobre un ratón. Los soldados del tanque se aferran con fuerza a los manillares. No me escuchan, pero me ven al mirar por encima de sus hombros pintarrajeados. Y yo los veo. ¡Qué forma de vida ésta! Asidos con todas sus energías a la cubierta de un bloque de acero de 50 toneladas que avanza frenético por el llano. En el tiempo que tardo en contar hasta tres, el tanque parece congelarse en su maniobra de giro y queda enmarcado por unos instantes en mi parabrisas. El diamante inferior del visor se pasea sobre su silueta y mi pulgar ya ha soltado los imaginarios tanques de napalm bajo las alas.

No sería conductor de tanques en una guerra ni por todo el oro del mundo. Me elevo. Tonel a la derecha. Miro hacia atrás. El tanque se detiene, obedeciendo las reglas de nuestro juego. Número Dos proyecta ahora su sombra vertiginosa sobre la torrecilla del segundo tanque. Los tanques son blancos muy fáciles. Creo que lo único que pueden esperar es no ser atrapados en un ataque aéreo.

—Buen trabajo, Jaque Mate. Ahora dirija su ataque sobre las tropas.

Ésta es una petición hecha en tono muy amigable, procedente de un hombre que presencia desde tierra lo que está acostumbrado a captar a través de su parabrisas delantero. En la guerra, en estos momentos nos preocuparía el fuego de la artillería ligera y de los misiles antiaéreos. Ya tendremos tiempo de tomar las decisiones adecuadas cuando llegue el momento, que llegará, y la preocupación será sólo transitoria. Ahora, sobre las tropas. Estas tropas tienen un aspecto muy poco guerrero. Al saber que se trata de una maniobra y al no tener muchas oportunidades de presenciar su propio espectáculo aéreo, se mantienen de pie y observan nuestro ataque. Uno de ellos alza los brazos en forma de V, desafiante. Nuevamente inclino el ala con suavidad, para lanzarme directamente sobre él. Nuestras voluntades chocan brevemente. Abajo. Sigo la pendiente del extenso llano que me conduce hasta mi antagonista. Si el valle está cruzado por cables telefónicos, tendré suficiente espacio como para pasar debajo de ellos. En la guerra, mi enemigo sería destrozado por los impactos Penetrantes Incendiarios y Blindados de las ráfagas de seis ametralladoras Browning calibre 50. Pero, aunque no es una guerra real, el hombre se lanza en auténtico desafío. Oblígame a tirarme al suelo. En el fondo de nuestro corazón, todos somos unos niños. Efectúo las últimas correcciones para que los depósitos eyectables caigan a ambos lados de sus brazos levantados si no se echa a tierra. Veo que sus brazos vacilan cuando el morro del avión lo cubre al pasar. Si no se ha lanzado a tierra, el chorro de aire lo obligará a ello. Pero este hombre es muy porfiado. Generalmente las tropas se desparraman como aves de corral asustadas que huyen por las cumbres de los cerros. Viro para efectuar otra pasada desde una dirección diferente y, aprovechando la altura en que me encuentro, busco a mi amigo. Los puntos se ven todos iguales.

Al parecer, esta vez el vuelo fue demasiado rasante, ya que mi amigo se zambulló a tierra antes que le pasara por encima. Y eso es picar muy profundo. Los puntos se ven todos iguales. No se puede distinguir el bien del mal cuando se avanza a 500 pies por segundo sobre la hierba. Lo único que se puede decir es que los puntos son hombres.

En una misión FAC, cercana a la frontera del telón de acero, se nos ordenó que voláramos durante dos minutos en dirección Este, para encontrar a nuestro Control. Esos dos minutos hacia el Este nos llevarían al otro lado de la frontera, al espacio aéreo soviético. Espacio aéreo que pertenece al enemigo. El Control se equivocó y quiso decir «Oeste». Los cerros no presentaban ninguna diferencia al Otro Lado. Cuando viramos y regresamos hacia el Oeste, pude mirar la tierra prohibida. No divisé cercas, ni telones de acero, ni colores extraños de la tierra. Sólo vi las ondulaciones permanentes de los cerros verdes y una serie de pueblecitos grises esparcidos aquí y allá. Sin la ayuda de la brújula y del mapa, en el cual los límites entre Oriente y Occidente estaban marcados con una gruesa línea roja, podría haber creído que estos pueblos del Este eran los mismos que los habitados por gente del Oeste. Afortunadamente, tenía el mapa.

—Jaque Mate, ¿qué le parece un vuelo rasante sobre las tropas?

—Perfecto —respondí con una sonrisa.

Sobre las tropas. Si yo fuera un piloto de combate abandonado en tierra, junto al Ejército y sus uniformes color oliva, nada podría alegrarme más que la visión de mis amigos y sus aviones aproximándose a 500 nudos. Así entonces, hay que atacar a las tropas.

—Jaque Mate, acelere su avión.

Empujo a fondo la palanca de gases y el motor comienza a engullir 7.000 libras de combustible por hora. Vuelvo a cruzar el valle, como una flecha lanzada por un arco de cien libras, esta vez para enfilar directamente hacia los pequeños puntos que se agrupan en torno del jeep y del aparato de radio de FAC. Alcanzo la velocidad de 510 nudos y me siento la alegría misma. Ellos aman mi avión. Observen su belleza. Observen su velocidad. Yo también amo a mi nave. El restallido de un látigo, y FAC desaparece junto con su jeep. Me elevo a gran altura, con el morro apuntando a ese cielo azul lechoso. Y hacemos un tonel. El cielo y la tierra se confunden alegremente en formas borrosas color esmeralda y turquesa. Detengo súbitamente el tonel, cabeza abajo, y enfilo nuevamente el morro hacia el horizonte. Completo el giro para nivelar la nave. El cielo es un lugar para vivir, para silbar, para cantar y para morir. Es un lugar creado para que las personas puedan mirar desde lo alto a todas las demás. Siempre está fresco, despierto, claro y frío, porque si las nubes cubren el cielo o el espacio que éste debiera ocupar, el cielo desaparece. El cielo es un lugar donde el aire es hielo y uno lo respira, lo vive y desea poder flotar, soñar, correr y jugar todos los días de la vida. El cielo está allí para todos; sin embargo, sólo algunos lo buscan. Es todo color, todo calor y frío, todo oxígeno y hojas de árboles, aire dulce y salado, aire fresco y cristalino, aire que jamás ha sido respirado antes. El cielo zumba alrededor de uno, penetra y choca contra la cabeza y el rostro, entra en los ojos y aturde los oídos con esa frialdad que es brillante y aguda. Se puede beber, mascarlo y tragarlo. Se puede rasgar con el dedo su superficie y la de los vientos fuertes. Es la propia vida en el interior de uno, sobre la cabeza y bajo los pies. Cantas a gritos una canción y el cielo se la lleva, retorciéndola y haciéndole dar tumbos por el aire líquido y consistente. Puedes trepar a lo más alto de su cumbre y dejarte caer junto con él, mientras te envuelve y te presiona. Saltas libremente, con los brazos abiertos, cogiendo el aire con los dientes. Sostiene a las estrellas en la noche con la misma fuerza que sujeta al sol abrasador durante el día. Lanzas una carcajada de alegría y allí está el viento que se la lleva a miles de millas de distancia.

Amo a todo el mundo, mientras me alejo de FAC con mis toneles en ascenso. Sin embargo, esto no me impide matarlos. Si ese día llega a venir.

—Magnífico espectáculo, Jaque Mate.

—Puedes llamarnos cuando quieras. Bravo.

De manera que esto es la alegría. La alegría llena todo el cuerpo, ¿no es verdad? Hasta los dedos de mis pies se sienten alegres. Por esto, la Fuerza Aérea se siente obligada a pagarme. No. No me pagan por las horas que vuelo. Me pagan por las horas que no vuelo; por esas horas en que estoy encadenado a tierra. Es allí donde los pilotos se ganan el pan.

Yo y los pocos miles de pilotos de monomotores vivimos en un sistema que se ha llegado a llamar «la estrecha fraternidad».

Más de una vez he escuchado la frase: «esos arrogantes pilotos de combate». Y por extraño que parezca y de acuerdo con lo que pueden expresar las generaciones, ambas son frases bastante bien elegidas.

Básicamente, un piloto de una nave polimotor de bombardeo, un piloto de transportes, un navegante o un oficial de la Fuerza Aérea que ya no vuela siguen siendo seres humanos. Pero éste es un concepto que se me hace difícil comprender y, en la práctica, no les dirijo la palabra, a no ser que sea necesario. En las bases donde viví tiempo atrás, encontré algunos de estos pilotos de polimotores. Se sienten felices de volar en aparatos gigantescos y pesados, navegar a bajas alturas, pasar largas horas en sus cubiertas en torno de un café y un bocadillo. Esta conformidad con esa existencia de zánganos, sin aventura, es lo que los aparta de los pilotos de monomotores.

Pertenezco a un grupo de hombres que vuelan solos. Hay un asiento en la cabina de un avión de combate; no hay espacio para que otro piloto sintonice la radio durante el mal tiempo, para que efectúe las llamadas a los centros de control del tráfico aéreo, para que ayude en los procedimientos de emergencia o para que disminuya la velocidad durante la aproximación final a la pista de aterrizaje. No hay nadie que rompa la soledad de un vuelo largo a través de un país. No hay nadie para compartir las decisiones. Todo lo hago solo, desde que pongo en marcha el motor hasta que lo apago. En una guerra, deberé hacer frente solo a los misiles, el fuego antiaéreo y los disparos de armas pequeñas sobre las líneas de avanzada. Si muero, moriré solo.

Debido a esto, y porque es la única forma que lo soportaría, no gasto mi tiempo con los pilotos de los multimotores, que viven detrás de los límites de la aventura. Ésta es una actitud arrogante e injusta. La diferencia entre un piloto en su cabina y muchos pilotos en su cubierta de vuelo no debería ser tan grande como para impedir que se unan. Pero existe una barrera infranqueable entre esa persona que prefiere vivir lento y a baja altura y yo.

En cierta oportunidad, intenté romper la barrera. Una tarde, hablé con un piloto del escuadrón de la Guardia que se vio obligado a cambiar su F-86H por un transporte de cuatro motores. Si alguna vez existió un lazo común entre el vuelo monomotor y el polimotor, creo que pude verlo a través de los ojos de este hombre.

—¿Qué le parece el polimotor después del Sabre? —le pregunté, mientras las luces danzaban sobre la piscina del club de oficiales.

Me equivoqué de piloto. Era nuevo en el escuadrón. Lo acababan de trasladar.

—Nunca he volado en un ochenta y seis y no tengo deseos de hacerlo —me respondió.

Las palabras «ochenta y seis» se escucharon raras y apenas en sus labios; palabras que no se dicen común y corrientemente. Descubrí que en ese escuadrón se experimentó un cambio total de pilotos cuando les cambiaron el interceptador de combate por un transporte pesado. Y mi compañero de charla tenía una mentalidad de piloto de polimotor. Las alas que llevaba sobre el bolsillo superior fueron fundidas en el mismo molde que las mías, pero él vivía en otro mundo, tras un muro sin puertas. Muchos meses han pasado desde esa tarde y, desde entonces, jamás me he tomado la molestia de volver a dirigirle la palabra a un piloto de aviones de transporte.

De vez en cuando, las circunstancias que rodean a un piloto de caza lo obligan a trasladarse de su escuadrón a las filas de los pilotos de transporte. Esto lo obliga a aprender sobre presión del torque, paneles sobre la cabeza y procedimientos de adecuación de las hélices. Conozco tres de estos casos. Lucharon furiosamente para evitar el traslado, pero sin resultado. Durante un tiempo, volaron en sus polimotores con la mentalidad del piloto de un caza, pero, al cabo de un año, los tres fueron retirados del servicio activo de la Fuerza Aérea por su propia iniciativa.

Tiempo atrás, el programa que transformaba a los pilotos de combate en pilotos de transporte tuvo bastante actividad y llegó a afectar a centenares de pilotos de caza. Poco después, quizá por mera coincidencia, leí un artículo que deploraba la pérdida de pilotos jóvenes de la Fuerza Aérea que se integraban a la vida civil. Habría apostado con toda tranquilidad que las estadísticas influyeron en el hombre que intentó por primera vez detener el cambio obligado de pilotos de combate por pilotos de aviones polimotores. El reglamento de la Fuerza Aérea dice que cualquier oficial debería ser capaz de adaptarse a las posiciones que se le ordenen. Pero este reglamento no reconoce la inmensa brecha que separa las vidas y actividades de los pilotos de caza de los pilotos de transporte.

La soledad que conoce cada piloto de combate cuando se encuentra a solas con su avión es la cualidad que le demuestra que su nave, realmente, es algo que tiene vida. La vida también existe en los aviones de transporte, pero es mucho más difícil de descubrir entre las conversaciones radiales de la tripulación, entre los pasajeros que sufren por leves turbulencias o el jefe de tripulación que desea una bandeja de comida. Es un sacrilegio comer mientras se vuela.

La soledad es la clave que nos indica que la vida no está limitada únicamente a las cosas que crecen desde la tierra.

Durante el vuelo, la interdependencia entre piloto y avión demuestra que uno no puede vivir sin el otro; que realmente dependemos mutuamente uno del otro para subsistir. Y nos tenemos confianza. El grito de batalla de un escuadrón de combate resume la actitud de todos los pilotos de caza: podemos derrotar a cualquier hombre, en cualquier lugar y en el juego que él quiera poner, por la cantidad que él quiera apostar.

A modo de contraste, leí lo siguiente en la Base de Operaciones de un escuadrón de polimotores: «Debemos enfrentarnos a las dificultades con precaución. Los imposibles no los intentamos.» No podía dar crédito a mis ojos. Pensé que podría tratarse de una broma. Pero las letras destacaban con toda claridad con un cierto color grisáceo, como si tuvieran mucho tiempo. Me alegré de sacudir el polvo de esa base de las ruedas de mi avión y encontrarme nuevamente en el cielo destinado para los pilotos de combate.

Yo creo que mi arrogancia se basa en el orgullo. Poseo un historial de sacrificio, de triunfos y de orgullo. Como piloto del Thunderstreak, a cargo de un avión diseñado para transportar cohetes, bombas y destruir al enemigo en tierra, mi historia se remonta hasta los hombres que volaban los P-47, los Thunderbolt de la Segunda Guerra Mundial. Los mismos cerros que se hallan cubiertos esta noche, bajo mi nave, recuerdan la imagen recortada y gruesa de los Jug de hace veinte años. Y las casamatas de hormigón, que entonces cobijaban piezas antiaéreas, aún tienen las cicatrices de las balas de sus ataques a baja altura y de las ocho ametralladoras calibre 50.

Después de los pilotos de los Jug en Europa, vinieron los pilotos de los Hog en Corea, para enfrentarse a la cortina de acero que se erguía desde tierra. Volaron en otro avión Republic: F-84G, Thunderjet, de alas rectas. Y día tras día se arriesgaron contra el fuego antiaéreo, las balas de fusil, los cables tendidos sobre los valles y los MIG, que pasaban raudos junto a los F-86 en sus patrullas. No son muchos los pilotos de F-84G que lograron sobrevivir en Corea a estos juegos. Y, si estalla la guerra en la Europa de hoy, tampoco serán muchos los pilotos de F-84F que logren sobrevivir.

Después de mí y de mi Superhog, están los pilotos

del F-100D, Supersabre, que han vivido en estado de alerta todos estos años de guerra fría, repartidos por todas partes del mundo. Y después de ellos, los hombres que pilotan el Último Hog, el F-10SD, Thunderchief, capaz de atacar cualquier objetivo en medio del mal tiempo, gracias a la ayuda única del radar.

Mi avión y yo formamos parte de una larga cadena que se extiende desde la niebla del pasado a la niebla del futuro. Incluso ahora ya estamos obsoletos. Sin embargo, si una guerra estalla en el futuro inminente, al menos estaremos obsoletos valientemente.

Llenamos los cuadrados del tablero de entrenamiento con X negras, dibujadas con lápiz de cera sobre el acetato; X para llenar las columnas tituladas «Navegación a baja altura sin la ayuda de radio», «Maniobras de combate» y «Despegue con carga máxima». No obstante, tenemos la certeza de que no todos sobreviviremos a la próxima guerra.

Fríamente, a la luz de los hechos, se nos comunica que no sólo tendremos que volar y enfrentarnos a las armas ligeras, a los cables y al fuego antiaéreo, sino también a los nuevos descubrimientos mecánicos que llevan en su cabeza los misiles tierra aire. Después de observar las películas de estos misiles en acción, he pensado con frecuencia que me siento feliz de no ser un piloto ruso de cazabombarderos. Me pregunto si, después de estudiar sus propias películas, no habrá también un piloto ruso que agradezca de corazón no ser un piloto americano de cazabombarderos.

Cada cierto tiempo, nos referimos a los misiles y discutimos sobre su existencia y los diferentes sistemas de esquivarlos. Pero estos métodos para evitarlos se basan en el conocimiento de que están persiguiéndonos. Y durante un ataque estaremos tan preocupados del objetivo que no tendremos tiempo para preocuparnos del fuego antiaéreo o de los misiles que se lanzan contra nosotros. Combinaremos nuestros esfuerzos defensivos y ofensivos y, aparte de esto, sólo nos quedará tener fe.

Y, hablando de realidades, recordamos que nuestros aviones pueden hacer tantos impactos en un blanco como cualquier otro avión de combate existente. Quizá no tengan la exactitud del radar del F-105, nos decimos, pero los disparos llegan a su blanco. La mayor parte de nuestras palabras son verdad, pero se desarrolla una larga batalla mental para sumergir esas palabras que también son verdad y que dicen que nuestro avión está anticuado y que fue disecado para otro tipo de guerra, de otra época. Volamos con una sensación de inferioridad valientemente oculta. Como norteamericanos, deberíamos pilotar aviones norteamericanos modernos. No existe en toda la Fuerza Aérea de la OTAN un avión más antiguo ni más lento en su apoyo a las fuerzas de tierra que el nuestro.

Los franceses vuelan en F-84F, pero ahora ya los están cambiando por Mirage y Vautour, fabricados especialmente para los cielos modernos. La Luftwaffe vuela con F-84F, pero ya se ha dado a la tarea de convertirlos en los F-104G, con su cruz de Malta. Los canadienses pilotan los Sabre Mark VI, contemporáneos de los F-84F, y ahora ya comienzan a formar las escuadrillas con sus propios CF-104G.

Nosotros pilotamos los F-84F y vivimos escuchando los eternos rumores de los nuevos aviones que llegarán. Muy pronto obtendremos los F-100D. Ya van a llegar los F-104. Están próximos los F4H de la Armada. Antes de fin de año contaremos con los F-105.

Siempre hay un nuevo avión que nos espera. Pero aún no le conocemos el rostro y jamás hablamos de nuestras deficiencias. Hacemos lo que podemos con lo que tenemos, lo mismo que los pilotos de los P-39 y de los P-40 al comienzo de la Segunda Guerra Mundial.

Actualmente los pilotos de mi escuadrón forman un grupo tan variado de hombres como el que podría obtenerse lanzando una red a las aguas de la vida civil.

Está el teniente segundo, muy joven, vendedor de una tienda de alimentación, que empieza a acumular los primeros y leves rasguños sobre sus barras doradas. Está el mayor, que voló Mustang y Jug sobre suelo alemán en los ataques de antaño. Tenemos un abogado, con su despacho establecido; un ingeniero informático; tres pilotos de líneas aéreas comerciales; dos solteros cuyo único ingreso se basaba en los vuelos de la Guardia Nacional. Están los hombres de éxito y los fracasados; los desenfadados y los volátiles; los lectores de libros y los buscadores de aventuras.

Si se examinaran con cuidado, se encontrarían constantes que muchos comparten: la mayoría están cerca de los treinta años, tienen familia y han prestado servicio activo regular en la Fuerza Aérea. Hay una constante que no tiene excepción y ésta es que todos son hombres de acción. Hasta el piloto más introvertido de todo el escuadrón deja su libro cuidadosamente marcado en el pabellón de oficiales y, cada día, se ata a un avión de combate de 25.000 libras de peso. Conduce un vuelo de cuatro aviones en formación en misiones de prácticas de bombardeo, de ataque a tropas, disparos de cohetes y lanzamiento de armas nucleares. Despega ala con ala en condiciones meteorológicas que no presentan un techo más alto de los quinientos pies y sólo vuelve a ver tierra una vez que traspasa el colchón de nubes y lluvia helada a dos horas y 900 millas de distancia del punto de partida. Alterna las cartas a su familia con los repasos ocasionales de los procedimientos de emergencia en pleno vuelo. Y a veces tiene que ponerlos en práctica cuando se enciende una luz roja en su cabina, o cuando el tren de aterrizaje delantero no baja en el momento de aterrizar. Hay quienes hablan en voz muy alta y con escasa humildad, pero esos mismos respaldan sus palabras con la acción, cada vez que suben a sus aviones. Algunas noches, en el casino de oficiales, los vasos de whisky se estrellan y despedazan contra los ásperos muros de piedra. Se tiran bombas de humo de colores por las ventanas de las habitaciones donde duermen los compañeros de trabajo. Se cantan canciones al comandante, que no siempre son muy respetuosas.

Lo que es incuestionable es que con la llegada del amanecer se escuchan los rugidos de los motores al partir bajo el aire frío. Por ejemplo, tomemos al teniente primero Roger Smith que, anoche, introdujo silenciosamente cuatro bengalas encendidas en la habitación donde se guardan los materiales de oficina. Realmente, la broma tenía base para un consejo de guerra. Pero en medio de la confusión, nadie pudo identificarlo y, esta mañana, vuela como número Dos en una misión de apoyo contra las Fuerzas Agresoras en Hohenfels. Con su máscara de oxígeno y el visor abajo, nadie puede distinguirlo del capitán Jim Davidson, Jefe de vuelo, quien, en estos momentos, solicita el vector de radar para el área objeto del ataque. Davidson pasó toda la noche escribiendo a su esposa, diciéndole, entre otras cosas, que no creía que existieran razones para que el escuadrón fuera librado del servicio activo antes de transcurrir el año reglamentario. Ambos pilotos de combate, en estrecha formación, se dejan caer desde la altura mientras sus indicadores de velocidad marcan los 450 nudos.

—Columna de tanques abajo a las diez —advierte Davidson.

Y juntos se lanzan al ataque.

Hombres de acción. Y cada día la acción es nueva. En la mano derecha enguantada descansa la posibilidad de vida o muerte.

Las palabras arrastradas y dichas en alta voz que hostigan al piloto de polimotores junto a la barra del mostrador pertenecen a un hombre llamado Roudabush. Hace un año y contra todos los reglamentos, este piloto hizo aterrizar de noche a un caza envuelto en llamas, sin energía eléctrica y, por lo tanto, sin luces. Esto sucedió en un aeropuerto de Virginia. Se negó a abandonar el avión y tampoco quiso lanzar sus depósitos externos de combustible sobre la ciudad de Norfolk. Recibió una fuerte reprimenda.

—Uno se convence de que debe abandonar el avión cuando todo se apaga en un vuelo nocturno —nos contó en cierta ocasión— pero cuando se mira hacia abajo y se ven brillar todas esas luces... uno cambia de parecer.

No importa cómo hable un hombre así. Al volar con él, uno se siente orgulloso.

Johnny Blair, apoyado sobre el mostrador de caoba de la barra y que hace girar los cubitos de hielo en su vaso mientras sonríe ligeramente ante las bravatas de Roudabush, tiene una pequeña cicatriz en la barbilla. En cierta ocasión, poco después del mediodía, cuando iniciaba un LABS a 500 nudos en dirección al objetivo y a 100 pies de altura, escuchó un golpe sordo y se encendieron las luces de advertencia de incendio en el motor. Tomó altura, escuchó un nuevo golpe, y la cabina se llenó de humo. Sin decirle una palabra a su compañero de escuadrilla, apagó el motor, soltó la cúpula de la cabina y tiró de la manilla a su lado derecho. En esa tarde y durante unos segundos, luchó por zafarse del asiento de metal que giraba locamente a 800 pies sobre un bosque de pinos. El sistema automático de disparo del paracaídas falló. Inconscientemente hizo funcionar el sistema manual de apertura del paracaídas, mientras el mundo daba vueltas en torno de él con una mezcla de colores verdes y azules. Alcanzó a colgar unos instantes del arnés antes de atravesar las copas de los árboles y estrellarse contra el suelo. En el momento de saltar del avión, perdió el casco y la máscara, y una rama anónima de un árbol le azotó la mandíbula. Y entonces todo pasó y el hombre interior dio paso al hombre exterior, que comenzó de inmediato a extender el paracaídas a modo de señal para el helicóptero, sufriendo todavía con el golpe. Ahora cuenta su aventura con sencillez y sin dramatismos a quienquiera que pueda beneficiarse con el relato. De otra forma, jamás se refiere a él y, si exceptuamos la cicatriz, es la clase de persona de la que podríamos decir: «Ahí tenemos a un típico profesor universitario de geometría.» Lo que realmente es, por cierto.

Lleva tiempo llegar a conocer a algunos de estos hombres hasta el punto de ser amigos. La mayoría, por temor a ser interpretados como jactanciosos o superhombres, no cuentan sus escapadas y roces con la muerte a cualquiera que se lo pregunte. Poco a poco y con mucho tiempo, el recién llegado al escuadrón descubre que Blair experimentó un interesante salto en paracaídas a baja altura; que Roudabush «podría haber besado a esa perra» cuando su avión se deslizó finalmente esa noche sobre la pista de Virginia; que Tranvas se estrelló contra un blanco aire-aire, en los días en que esos blancos se fabricaban con tela de plástico y barras de acero, y llevó hasta casa, colgando del ala, 70 libras de acero y unos 30 pies de polietileno.

Y, también poco a poco, el escuadrón llega a conocer que el nuevo integrante posee su propio bagaje de experiencias ocurridas en el mundo sobre la tierra. Un escuadrón es una piscina multicolor repleta de experiencias, en la cual los brochazos individuales dan los tonos de esta vida libre y envolvente del mundo aéreo. El bronce reluciente y fulgurante del combate al sol penetra hasta los pilotos en sus cabinas; el cielo y los mares en tinieblas inundan con su inmensidad azul al hombre que pilota su avión entre ellos; y, muy de tarde en tarde, el rojo escarlata de una granada que explota en la ladera de un cerro lanza sus destellos para realizar todos los otros matices que estallan en pequeñas y luminosas chispas de dolor, que jamás logran desaparecer por completo.

En la oscuridad rojiza de mi cabina, me inclino a la derecha y bajo al mínimo el volumen del radiogonió-metro. Actualmente, sólo transmite fragmentos de las señales del faro de Spangdahlem y se ha transformado más en un indicador de tormentas que en un aparato de radionavegación. Esto no me preocupa, siempre que el TACAN funcione bien. Y hasta me siento feliz de contar con un indicador de tormentas de tanta fidelidad. En el mundo gris a mi derecha se observa un relampagueo débil, sugiriendo momentáneamente la idea de luz que desaparece instantáneamente.

El acto de bajar el volumen del radiogoniómetro supuso romper por un momento la monotonía de la constante comprobación de los instrumentos. Siempre recto y nivelado. La misma dirección y velocidad. Las agujas y el tambor. No me desvío un ápice del objetivo. Como si llevara una Forma bajo el ala.

Existen las Formas, los Insectos y los Niños Tristes, todos nombres que se le dan a aquella masa que oculta unos millones de neutrones, estrechamente controlados, que a su vez originan la bomba atómica. Con mayor propiedad se lo denomina Artefacto Nuclear. Siempre se lo llama Artefacto.

La primera misión que deben cumplir muchos de los escuadrones de combate táctico es de carácter estratégico. Y los números que identifican la infinidad de alas de los aviones de combate van seguidos de las letras SD.

Estas letras se refieren a Entrega Especial (Special Delivery) y significan que los pilotos pasan largas horas estudiando los blancos de los lugares más remotos del mundo, aprenden ciertos aspectos seleccionados de la física nuclear y dan forma a su propio lenguaje, dentro del cual se incluyen siglas y palabras, tales como LABS, Forma, Núcleo y el significado de la luz T-Cero. En sus prácticas, vuelan un novedoso y extraño circuito de bombardeo. Vuelan solos y la primera bomba es la única que cuenta como impacto. Un piloto ausente de una cabina de avión desde la guerra de Corea jamás podría reconocer el panel repleto de conmutadores y luces del sistema de lanzamiento de armas nucleares. Pero, hoy día, es un panel que carece de importancia.

Parte de mi trabajo consiste en saber cómo lanzar una Forma, lo que practico concienzudamente. Para que el Artefacto impacte en su Blanco, se comienza por un torbellino de cartas, ángulos y medidas. De estos cálculos resultan unas cifras clasificadas como secreto que alimentan las dos computadoras montadas en mi avión.

Normalmente las misiones se desarrollan con la carga de una bomba pequeña de 12 kilogramos, para registrar solamente la efectividad del lanzamiento. Sin embargo, una vez al año, se me ordena volar con una Forma completa y pesada bajo mi ala izquierda. Esto sirve para recordarme que, cuando lleve una verdadera bomba atómica, tendré que cargar ligeramente la palanca de control hacia la derecha con el fin de mantener niveladas las alas durante el despegue.

La Forma de práctica es un objeto suave, de diseño aerodinámico y no carente de belleza. El Artefacto verdadero, que tiene la misma forma, es la masa de metal más horrible que he visto en mi vida. Con su punta chata, toda pintada de color aceituna y pesada, es como una rémora voraz atada a las suaves curvas del ala de mi avión.

Ingresé en la Guardia Aérea Nacional con el resto de los pilotos del escuadrón porque me gusta volar aviones. Por cierto, nuestra misión, con los cohetes, ataques de dispersión y bombardeos convencionales, sobrepasa los límites de los simples vuelos para transformarse en actos de destrucción de las tropas y máquinas enemigas. No obstante, en lo que se refiere a los pilotos, este hecho llega demasiado lejos cuando se lleva un Artefacto nuclear. No me gusta, pero la Forma es parte de mi misión y aprendo a lanzarla y a impactar los blancos con precisión.

Se mantiene la presión sobre la palanca de control, se suben los trenes de aterrizaje y los flaps y luego, nivelado, a baja altura y recto en dirección al objetivo. Los árboles pasan raudos por debajo, el cielo es el mismo cielo francés en el que he volado durante meses, la cabina es la misma y no puedo ver el Artefacto instalado en el ala. Pero las luces de su caja de control resplandecen frente a mí y su cercanía no puede apartarse de mi conciencia. Me siento como si estuviera parado junto a un gorila débilmente atado y que comienza a despertarse. Y los gorilas no me gustan demasiado.

Las luces me indican que el Artefacto empieza a despertar y mi respuesta se basa en mover los conmutadores adecuados en el momento preciso. El Punto Inicial se me aproxima velozmente desde el horizonte. Debo ocultar mi disgusto por el monstruo en lo más profundo de mi mente, para organizar otro panel de interruptores y selectores que constituye la fase final de toda una combinación de pasos a realizar antes de su lanzamiento. Ciento por ciento de rpm.

El último pueblo de techos rojos pasa bajo mi avión

y, al término de su recorrido, se vislumbra el objetivo: una pirámide de barriles blancos. Quinientos nudos. Conmutador abajo, botón presionado. Los indicadores de tiempo comienzan su cuenta, y los circuitos quedan alertas a la espera del momento de suelta. Lentamente desciendo hasta rozar la copa de los árboles. No acostumbro a volar a 500 nudos, y la velocidad se aprecia nítidamente. Los barriles aumentan de tamaño y su pintura blanca empieza a resquebrajarse. La pirámide es un borrón que pasa por debajo. Mi atención vuelve a la palanca de control; firme y suavemente avanzo hasta los cuatro G en el acelerómetro y centro las agujas del indicador que sólo se utilizan en los lanzamientos de armas nucleares. Las mantengo allí. Apostaría a que las computadoras tienen encogido su corazón. Sólo veo el cielo a través del parabrisas.

No me muevo de los G. Las agujas centradas. El sol pasa por debajo de mi avión y BLAM.

El avión brinca acusadamente hacia la derecha y se aferra con fuerzas en su rizo y la velocidad aumenta, a pesar de que vamos en invertido. La Forma me ha soltado a mí, más que yo a ella. Los pequeños barriles blancos han quedado a seis mil pies bajo mi cabina. No puedo decir si el impacto fue bueno o no. Eso quedó decidido por las cartas, gráficos, divisiones y ángulos. Yo mantengo las agujas centradas. Las computadoras hicieron su trabajo automáticamente. Y el Artefacto se encuentra en camino.

Ahora, mientras aún flota en el aire con la inercia que le ha dado mi avión, mi misión se convierte sólo en un acto de escapar. La palanca de control a fondo, nivelo el avión para que el sol se localice sobre mi cabeza, y corro. Si la Forma llevara neutrones en su interior en vez de lastre de hormigón, necesitaría cada segundo para mi huida, ya que cada instante es un poco más de distancia que me aparta de esa explosión solar, cuya intensidad destrozaría tanto al F-84F como al objetivo hostil. Con el visor abajo para prevenir el resplandor que podría ocurrir, aparto el espejo retrovisor, me hundo en el asiento y vuelo con la mayor velocidad posible hacia Nuestro Lado.

En esos instantes, el Artefacto se ha detenido en el aire, en la cumbre misma de su alta trayectoria. Si se lanzara una plomada desde este punto, pasaría por el centro mismo de la pirámide blanca. Y luego cae. Sólo depende de los vientos. Nada puede detenerla. La bomba cae. Si se tratara de un Artefacto verdadero en una guerra auténtica, ésta sería la hora adecuada para que el enemigo tuviera sus cosas muy en orden. El odio del enemigo se ha reflejado en el odio del amigo. Y se ha reflejado a través de mi persona, de mi avión y de las computadoras que lleva.

Ya es demasiado tarde. Podemos declarar el armisticio. Podemos darnos cuenta, súbitamente, de que las personas bajo la bomba suspendida son, realmente, verdadera y profundamente nuestros amigos y nuestros hermanos. Podemos comprender, de pronto, la ciega estupidez de nuestras diferencias y los caminos de solución. A pesar de todo, el Artefacto ya ha comenzado a caer.

¿Me siento arrepentido? ¿Siento cierta amargura? Así fue como me sentí en los primeros momentos, cuando la primera Forma de práctica quedó adherida bajo el ala.

Pero siento más amor por mi avión que odio por el Artefacto. Soy el lente a través del cual mi país enfoca su odio contra el hogar del enemigo y lo transforma en una bola fundida y brillante.

A pesar de que mi deber y mi único deseo es servir a la patria lo mejor que puedo en tiempos de guerra, también razono. En realidad, nunca usaremos los Artefactos. Mis objetivos serán única y totalmente militares. El que sea consumido por el fuego es sólo un enemigo y está repleto de odio hacia la libertad.

Existe un punto donde la más ardiente racionalización sólo es un gesto. Simplemente confío en que jamás tendré que lanzar una de esas cosas repugnantes sobre seres humanos.

El tambor de medición de distancias del TACAN gira ahora hasta el 006. Y eso es lo más lejos que puede llegar, porque me encuentro hundido a seis millas en la oscuridad de la noche, directamente sobre el transmisor de la estación de TACAN de Wiesbaden. Llevo un minuto y medio de retraso, debido a unos vientos procedentes de cualquier parte. Dentro de treinta minutos, mis ruedas tocarán la pista húmeda y fría de la Base Aérea de Chaumont.

Este pensamiento podría haber sido tranquilizador, pero frente a mi rumbo de vuelo se observan dos rápidos fulgores de relámpagos.

Una vez más preparo el informe, inclino la palanca de control a la derecha, vuelo instrumental, vuelo instrumental, el dedo pulgar sobre el botón del micrófono.

5

«Control Rhein, Reactor de la Fuerza Aérea Dos Nueve Cuatro Cero Cinco, Wiesbaden.» Espero la respuesta.

La Ciudad Que No Fue Bombardeada.

Silencio. Aquí vamos, otra vez.

—Control Rhein, control Rhein. Reactor de la Fuerza Aérea...

Hago el intento una vez, dos, tres veces. No hay respuesta. Me encuentro solo con mis instrumentos y, de pronto, capto la profundidad de mi soledad.

Muevo el selector de canales de la radio con mi guante derecho. Quizá logre conectar con el Radar Barber.

—Radar Barber, Reactor de la Fuerza Aérea Dos Nueve Cuatro Cero Cinco, cambio.

Una vez. Dos. Tres veces. Nada.

Una luz surge entre las nubes frente a mí. La atmósfera sigue en calma y me facilita el camino. Mantengo la dirección. Mantengo la altura.

Tomo una decisión. Si este vuelo me condujera a casa esta noche, regresaría al instante. Me queda suficiente combustible como para regresar al aire claro y limpio sobre Wethersfield. Sin la ayuda del transmisor, no puedo pedir un vector de radar a través de la tormenta. Si no fuera por la bolsa que descansa sobre las ametralladoras, regresaría. Pero allí está y en Chaumont me espera un comandante que confía en mí absolutamente para cumplir la misión. Continuaré.

Puedo guiarme por la aguja del radiogoniómetro para localizar los focos de tormenta. Y, si llega lo peor, es posible que logre esquivarlos volando entre los relámpagos. Sin embargo, es mucho más tranquilizador saber que uno constituye un pequeño punto luminoso en la pantalla de radar de cualquier base y que las instrucciones se escuchan con toda claridad por encima de los resplandores blancos, esos núcleos donde anidan las tormentas. Haré un nuevo intento, aun cuando estoy seguro de que el UHF ya no me sirve de nada. Clic, clic, clic, hasta los 317,5 megaciclos.

—Control Mosela, Control Mosela, Reactor Cero Cinco.

La esperanza me abandona. Y este sentimiento tiene su justificación, ya que no hay respuesta de las numerosas pantallas distribuidas en la habitación del Centro de Radar Mosela.

Regresar. Me olvidaré del comandante. Te matarás en las tormentas.

Nuevamente el temor y, como de costumbre, está exagerando. No me mataré en ninguna tormenta. Quizás otra persona, pero yo no. Mi experiencia es amplia y vuelo en un avión demasiado poderoso y resistente como para morir a causa del mal tiempo.

Un resplandor a la derecha y uno más débil hacia la

izquierda. La fina lengua de una turbulencia pasa sobre mi avión, balanceando las alas suavemente. No hay problema. Dentro de cuarenta minutos, me encontraré caminando sobre la rampa de aparcamiento, bajo la lluvia y en dirección al Edificio de Operaciones, en la Base Aérea de Chaumont. El TACAN funciona bien. Phalsbourg queda a 80 millas.

Algunos amigos han encontrado la muerte. Hace cinco años, Jason Williams, mi compañero de habitación, murió al dirigirse hacia su objetivo de dispersión de tropas.

Una tarde, recibía instrucciones para una misión de práctica con ametralladoras y estaba sentado en una silla con el respaldo al revés, y las piernas del traje-G colgaban sueltas hasta el suelo de madera del barracón de vuelo. En torno de la mesa escuchaban otros tres pilotos, quienes, dentro de muy poco, serían los aviones-objetivos. En el otro extremo de la habitación se desarrollaba una charla con las instrucciones para una misión de combate aéreo.

Sorbía chocolate caliente de un vaso de papel, cuando entró en la habitación el comandante del escuadrón de entrenamiento. Su traje-G colgaba desordenadamente de uno de sus hombros.

—¿Alguien está recibiendo instrucciones para un ataque aire-tierra?

Asentí por encima del vaso y señalé mi mesa con la mano.

—Les diré que deben tener cuidado. No se fijen demasiado en el blanco y no se estrellen contra el suelo.

En su mano sostenía un trozo de papel.

—Esta mañana un estudiante se estrelló contra el

blanco en el Campo de Tiro Dos. Pongan atención a la altura mínima. Cuídense esta tarde, por favor.

Asentí nuevamente.

—¿Quién ha sido?

El comandante de escuadrón leyó el papel.

—Teniente Segundo Jason Williams.

Lo mismo que una tonelada de ladrillos. Teniente Segundo Jason Williams. Willy. Mi compañero de habitación. Willy, el de la sonrisa ancha, mente despejada y sus muchas mujeres. Willy, que se graduó en el puesto número cuatro entre 60 cadetes de su clase. Willy, el único piloto de combate negro que he conocido en mi vida. Es gracioso. Sonreí y bajé el vaso.

Me sorprendió mi actitud. ¿Qué hay de gracioso en el hecho de que uno de mis mejores amigos se estrelle contra el blanco en medio del desierto? Debería sentir tristeza. La muerte es una cosa horrible y terrible. Debería estar triste. Debo pestañear, apretar los dientes y decir: «¡Oh, no!»

Pero no puedo dejar de sonreír. ¿Qué tiene de gracioso? ¿Que es una de las formas de impactar el blanco? ¿El F-84 fue siempre difícil de gobernar durante el picado? ¿Que se haya estrellado contra tierra el único piloto de combate negro en las escuelas de la Fuerza Aérea de Estados Unidos? Willy ha muerto. Aparenta tristeza. Debes parecer hundido. Que te vean consternado. Pero no puedo dejar de sonreír, porque todo es muy gracioso.

Finalizan las instrucciones, salgo, me ato al avión, hundo la palanca de gases y me elevo para destruir las rocas y los lagartos en el Campo de Tiro Tres. El Campo de Tiro Dos está cerrado.

Pocos meses después, pasó nuevamente.

—¿Te contaron lo que le sucedió a Billy Yardley?

No había oído hablar de Bill desde que nos graduamos de los cursos de cadete.

—Se estrelló contra la ladera de una montaña, al efectuar una maniobra de aproximación a Aviano con mal tiempo.

Escuché unas campanillas dentro de mi cabeza. Billy Yardley ha muerto. Y una sonrisa. Otra vez esa maligna, irracional e incontrolable sonrisa. ¿Sonrisa de orgullo? ¿Soy mejor piloto que Jason Williams y Billy Yardley porque aún estoy con vida? Kenneth Sullivan se mató en un helicóptero en Groenlandia. Sully. Un hombre agradable, tranquilo, que fue a morir en medio de una nube de restos de aspas del rotor y de nieve. Y una sonrisa asoma a mis labios.

No estoy loco, ni tengo la mente torcida, ya que observo lo mismo en el rostro de los demás cuando suenan esas campanillas en sus cabezas al conocer la noticia de la muerte de un amigo. Sonríen levemente. Piensan en el amigo que ahora, al fin, tiene respuesta a lo que todos nos hemos preguntado desde que tenemos edad suficiente: ¿qué hay tras la cortina? ¿Qué viene después de este mundo? Willy lo sabe. Bill Yardley lo sabe. Sully lo sabe. Y yo no. Mis amigos me guardan el secreto. Es un secreto que ellos conocen y que no dirán. Es un juego gracioso. Lo sabré esta noche, mañana, el próximo mes o el año siguiente. Pero debo saberlo ahora. Un extraño juego. Un juego gracioso. Y sonrío.

Puedo descubrirlo en un minuto. Cualquier día que me encuentre sobre el campo de tiro, tardo dos segundos más de lo necesario en elevarme frente a los paneles.

Deliberadamente, puedo lanzarme contra una de las durísimas montañas de los Alpes franceses a 400 nudos. Puedo hacer girar el avión en el aire y picar directo a tierra. El juego puede terminar en cualquier instante que yo lo desee. Pero existe otro juego más interesante y éste es el juego de pilotar aviones y mantenerse con vida. Algún día perderé y conoceré el secreto del otro. ¿Por qué no soy paciente y me dedico a un solo juego a la vez? Y esto es lo que hago.

Cada día salimos a volar en nuestra misión. Pasan las semanas y los meses sin que nada suceda. Un día, uno de nosotros no regresa. Hace tres días, un domingo, dejé las páginas de un manuscrito (las de este libro) apiladas ordenadamente sobre mi escritorio, para asistir en el Escuadrón de Operaciones a unas charlas de instrucción a las 11:15 horas. En el tablero de programas, la misión anterior a la mía era «Vuelo a baja cota», y aparecían los números de los aviones y los nombres de los pilotos.

391— *Slack*

541 — *Ulshafer*

Ulshafer regresó. Slack no.

Antes de ser conducido al Cuartel General, Ulshafer nos reveló lo que sabía. El tiempo, súbitamente, había cambiado de muy bueno a muy malo. Los cerros se elevaban hasta las nubes. Los dos F-84F decidieron terminar la misión y regresar en busca de mejor meteorología, para evitar los cerros. Slack iba delante. El mal tiempo se vino encima mientras viraban para iniciar el retorno, y Ulshafer perdió de vista a su jefe de escuadrilla en medio de las nubes.

—Te he perdido de vista, Don. Nos encontraremos sobre las nubes.

—Entendido.

Ulshafer se elevó y Slack comenzó a hacerlo.

El compañero de escuadrilla surgió solo sobre las nubes y no obtuvo respuesta a sus llamadas por radio. Regresó solo, y se lo llevaron al Cuartel General, junto al comandante de la base.

El tablero de programas cambió:

51-9391— *Slack AO 3041248*

541 — *Ulshafer*

Se dibujó un mapa con un rectángulo rojo alrededor del lugar donde encontraron el mal tiempo, al Sudoeste de Clermont-Ferrand. En esa región, la geografía del suelo cambia desde los 1.000 pies hasta un picacho que alcanza los 6.188 pies. Comenzaron a tomar altura justo antes de la montaña.

Esperamos en Operaciones y observamos nuestros relojes. A Don Slack le quedan aún 10 minutos de combustible, nos dijimos. Pero también pensamos en el picacho y sus 6.188 pies de roca. Con anterioridad, ni siquiera sabíamos de su existencia. Don Slack está muerto. Pedimos los helicópteros de rescate. Comprendemos que el techo es demasiado bajo para que nuestros aviones salgan en su busca por las montañas; pensamos en todas las formas mediante las cuales aún podría estar con vida: puede haber aterrizado en otro aeropuerto, o haber tenido un desperfecto en la radio, o haber descendido en paracaídas cerca de un pueblo sin teléfonos, o estar aislado en un bosque.

—Se le acaba de terminar el combustible.

Este hecho ya no tiene importancia. Sabemos que Don Slack ha muerto.

No tenemos ninguna noticia oficial; los helicópteros van en camino; sin embargo, el sargento de operaciones ha comenzado a copiar la información pertinente que se refiere a las horas de vuelo del fallecido teniente Slack. El armario de su paracaídas, junto al mío, con su nombre escrito, Slack, ya no tiene el casco, ni el paracaídas, ni el chaleco salvavidas. En su interior sólo se encuentra una bolsa de nailon vacía que se usa para proteger el casco. Mis ojos no se apartan de ella.

Trato de recordar cuáles fueron las últimas palabras que le dirigí. Inútil. Fue algo trivial. Pienso en las numerosas veces que nos dimos un encontronazo al sacar al mismo tiempo el voluminoso equipo de vuelo. Llegó hasta tal punto que uno de nosotros tenía que aplastarse contra el muro del armario para que el otro tuviera mayores facilidades de sacar el equipo.

Don tenía familia. Acababa de comprar un Renault nuevo, que ahora le espera junto a la puerta. Pero nada de esto me impresiona tanto como el lugar vacío en el armario para su casco, el paracaídas y el salvavidas y que, para esta tarde, su nombre aparece en los programas de vuelo. Qué confianza tan arrogante tenemos cuando escribimos un nombre en el tablero de programas.

Ese amigo, cuyo paracaídas colgó tanto tiempo junto al mío, ha sido el primer piloto de la Guardia Aérea Nacional muerto en Europa.

¿Una vergüenza? ¿Una pérdida? ¿Lástima? ¿Culpa del presidente? Si no se nos hubiera llamado al servicio activo en Europa, Don Slack no se habría aplastado contra el picacho de una montaña francesa de 6.188 pies de altura. La señora Slack podría culpar al presidente.

Pero, si Don no hubiera llegado hasta aquí con su avión, lo mismo que el resto de los pilotos de la Guardia, en estos momentos habría muchos norteamericanos muertos en Europa. Don murió en defensa de su país, de la misma forma que el primer soldado de la Guardia Nacional en 1776. Y, con pleno conocimiento, todos entramos en el juego.

Esta noche estoy efectuando un movimiento en ese juego al transportar los cinco bultos marcados desde Wethersfield a Chaumont. Sigo con la esperanza de no encontrarme con una tormenta, ya que son focos aislados lo que se observa más adelante. Pero en mi mente siempre existe una sección encargada de la cautela, que toma en consideración los sucesos que podrían costarme el juego. Esa parte de mi mente tiene un acelerador tan controlable como la dura y oscura palanca de gases que sostiene mi guante izquierdo. Durante un combate aéreo o una misión de apoyo a las fuerzas de tierra, puedo apagar casi totalmente esa cautela. Por encima de todas las cosas, existe la misión. El horizonte puede torcerse, contorsionarse y desaparecer; los cerros de Francia pasarán raudos bajo la cúpula moldeada de plexiglás de mi cabina y girarán en torno del avión como si estuvieran fijos a una esfera sobre mi cabeza. En la guerra y en las maniobras de guerra sólo hay una idea fija: el objetivo. La cautela casi no entra en juego.

La cautela se expulsa a los vientos de 400 nudos que pasan sobre mis alas, y el juego se basa en detener al otro avión o destruir el convoy.

Cuando el acelerador que controla a la cautela está en posición normal, se transforma en una computadora que mide los riesgos frente a los resultados. Normalmente no paso volando por debajo de los puentes; los riesgos no tienen comparación con los resultados. Sin embargo, las misiones de vuelo a baja cota, a 50 pies, no se contraponen a mi sentido de cautela, de aprender y ganar experiencia en la navegación a niveles en los cuales mi visibilidad no va más allá de las dos millas.

Cada vuelo se pesa en una balanza. Si los riesgos pesan más que los resultados, me siento nervioso y a punto de estallar. Esta medida no es absoluta como para poder decir que un vuelo es Peligroso y el otro es Seguro. La condición es absolutamente mental. Si estoy convencido de que la balanza favorece el resultado, no siento temor, cualquiera que sea la misión emprendida. Llevadas las cosas a un extremo, un vuelo perfectamente normal que incluye el despegue, sobrevolar la base y aterrizar es peligroso si, ese día, no se me ha autorizado a volar en uno de los aviones del Gobierno.

El avión que piloto no tiene clave ni combinaciones secretas para ponerlo en marcha. Simplemente le pido al personal de tierra que me conecten a una unidad de potencia auxiliar, trepo a la cabina y pongo en marcha el motor. Cuando se desconecta la unidad de potencia, ruedo hasta la pista y no hay nadie en el mundo que pueda impedirme volar. Y, al encontrarme en pleno vuelo, soy el dueño absoluto del rumbo de mi avión. Si lo deseo, puedo pasar a 20 pies de altura sobre los Campos Elíseos; nadie me puede detener. Los reglamentos, las ordenanzas, las advertencias de castigo si me descubren revoloteando sobre las ciudades carecen de significado si mi decisión es hacerlo así. Los únicos controles que me pueden aplicar es cuando me encuentro en tierra, separado de mi avión.

Sin embargo, he aprendido que el juego es más interesante cuando sigo las reglas. Salir a volar sin autorización sería desafiar las reglas y correr un riesgo totalmente desproporcionado frente al resultado de un nuevo vuelo. Aun cuando este vuelo es posible, es peligroso.

En el otro extremo se encuentra el mundo del combate en tiempo de guerra. Un puente cruza sobre el río. El enemigo depende de ese puente para enviar los suministros necesarios para el ejército que está destruyendo a mi ejército. El enemigo ha fortificado el puente con cañones y misiles antiaéreos, cables de acero, globos-barricadas y protección aérea. Pero, debido a su importancia, el puente tiene que ser eliminado. El resultado de destruir el puente vale los riesgos que se corren al destruirlo. La misión se escribe en un tablero de programas de color verde, se dan las instrucciones de vuelo, se cargan los aviones con las bombas y cohetes, pongo en marcha el motor, despego y toda mi atención se concentra en la destrucción del puente.

En mi mente la misión no es peligrosa; simplemente debe llevarse a cabo. Si pierdo en el juego de salir con vida de este puente, sólo es mala suerte. El puente es más importante que el juego.

Sin embargo, con cuánta lentitud aprendemos sobre la naturaleza de la muerte. Nos formamos nuestras ideas preconcebidas. Nos imaginamos el paso hacia el otro lado de la materia. Lucubramos sobre lo que podemos sentir al enfrentarnos a la muerte. Y, de vez en cuando, nos enfrentamos a ella.

La noche es oscura y vuelo a la derecha de mi Jefe de escuadrilla. Me gustaría contar con la luz de la luna, pero no hay. A unas seis millas debajo de nosotros, se extienden las ciudades que comienzan a cubrirse con un suave manto de niebla. Al frente, la niebla es densa y las estrellas brillantes palidecen un poco con una fina capa de llovizna. Toda mi atención está concentrada en seguir al Jefe y a sus tres luces blancas y una verde. Las luces se ven intensas contra la noche oscura y las rodean unos halos resplandecientes que hacen daño a la vista. Presiono el botón del micrófono.

—Jefe Rojo, ¿podrías bajar la intensidad de tus luces de navegación?

—Por supuesto.

Las luces bajan su brillo y se transforman en meros filamentos incandescentes que confunden la nave con las estrellas, en vez de distinguirla nítidamente. Su avión es uno de los muchos cuyo «oscurecimiento» los vuelve apenas visibles, lo que dificulta el vuelo en formación. Prefiero entrecerrar los ojos por el fuerte resplandor de las luces antes que seguir a una oscura constelación cambiante que se mueve entre las constelaciones más brillantes de las estrellas.

—Lo siento. Vuelve a encenderlas con toda su intensidad.

—De acuerdo.

No es agradable volar en estas condiciones, ya que, continuamente, debo relacionar esa pequeña constelación con la forma del avión que sé que está allí aunque no lo veo. Y debo volar mi propia nave relacionándola con esa forma mental. Una de las luces brilla en la superficie acerada del depósito eyectable. La presencia de este depósito me facilita el hecho de visualizar el avión que presumo que se encuentra a poca distancia del mío en la oscuridad. Si hay un vuelo más difícil que el de formación nocturna, es el vuelo en formación nocturna y con mal tiempo. La neblina comienza a ser más densa a esta altura de vuelo. Preferiría estar en tierra. Sentado en un cómodo sofá y con un vaso al alcance de la mano. Pero me encuentro en un asiento eyectable, con una manilla de color amarillo y, antes de volver a gozar de la comodidad del atardecer, debo cumplir satisfactoriamente este vuelo nocturno, cualquiera que sea el tiempo o las dificultades que se presenten. No estoy preocupado, ya que he volado muchas misiones en diferentes tipos de aviones. Y aún no he destrozado ningún avión ni han disminuido esos deseos de volar.

El Control de Francia llama para que cambiemos la frecuencia a 355.8. El Control de Francia acaba de mostrarme el rostro de la muerte. Desvío ligeramente mi avión y me dedico a mover cuatro selectores que me permitirán escuchar lo que tenga que decirme en esta nueva frecuencia. Tardo un poco en moverlos bajo esta luminosidad rojiza. Alzo la vista y observo que las luces del Jefe de escuadrilla empiezan a desaparecer en la neblina. Lo perderé. Adelanto la palanca de gases. Debo alcanzarlo antes de que se pierda en la niebla. Date prisa.

Y de pronto, en medio de esta nubecilla tenue y decepcionante, me aproximo a demasiada velocidad a su ala y las luces cobran gran luminosidad. ¡Cuidado, te vas a estrellar! El Jefe vuela por instrumentos y está indefenso. Aun cuando supiera que voy a embestirlo, no podría desviarse. Corto gases totalmente, elevo el morro del avión y me vuelco hasta quedar en invertido, observando las luces de su avión a través de la cúpula.

Súbitamente desaparece. Mi linterna ha caído y se apoya en el plexiglás sobre mi cabeza, destacando su silueta contra el resplandor amarillo que en las nubes dejan las luces de una ciudad que se dispone a dormir. El lugar es bastante extraño para una linterna. Empiezo a efectuar un giro para recobrar la posición normal de vuelo, pero muevo con demasiada rapidez la palanca de control a una velocidad insuficiente. El avión entra en barrena. Quedo sorprendido. Gira una vez y el resplandor me envuelve por todos lados. Busco un punto de referencia, ya sea la Tierra o las estrellas. Pero sólo veo el resplandor impenetrable. La palanca de control se convulsiona entre mis manos y efectúo un nuevo giro. No sé si el avión gira en torno de su eje en posición erecta o invertida. Sólo recuerdo que jamás se debe girar un avión que ha entrado en barrena. Ni siquiera a plena luz del día. Los instrumentos. El indicador de rumbo señala que la barrena se ha detenido, por sí misma o gracias a mi tremendo esfuerzo sobre la palanca de control y el timón. Me indica que el avión se encuentra con las alas niveladas y en posición invertida; las dos pequeñas barras que forman el horizonte artificial y que siempre se refieren a la dirección de la Tierra están ahora apuntando hacia la cúpula de la cabina.

Debo lanzarme en paracaídas. No puedo permanecer en el interior de una nave descontrolada a menos de 10.000 pies de altura. El altímetro es sólo un borrón de agujas que giran velozmente. Debo levantar el brazo del asiento y tirar del gatillo antes de que sea demasiado tarde.

Debajo se extiende una ciudad. Me hice la promesa de que jamás abandonaría un avión sobre una ciudad.

Es necesario que dé una oportunidad más a los instrumentos. No he permitido que el avión se recupere por sí mismo.

La Tierra debe de encontrarse muy cerca.

Un rugido sordo y extraño brota en mis oídos.

Vuela con el direccional.

Nivela las alas.

Aplica los frenos de velocidad.

Debo de estar muy cerca de la Tierra y el suelo no es el mejor amigo de los aviones que se lanzan contra él.

Tírate fuera del avión.

El rugido en mis oídos. El resplandor en las nubes que me envuelve.

El fuego de San Telmo sobre el parabrisas, azul y danzante. La última vez que presencié el fuego de San Telmo ocurrió sobre Albuquerque, el año pasado, cuando volaba con Bo Beaven.

Tírate fuera del avión.

Bien, muerte, aquí te espero. La Tierra está muy cerca, porque el resplandor se intensifica y el rugido cobra mayor fuerza. Llegará pronto. ¿La escucharé o, simplemente, todo quedará envuelto en la oscuridad? Tiro de la palanca de control con tanta fuerza como me atrevo a hacerlo... ya que, si aplico más inclinación, puedo perder velocidad y nuevamente entraré en barrena.

De manera que esto es morir. De pronto, uno se encuentra en una situación descontrolada y muere. Después, frente a los restos del avión, alguien se preguntará por qué el piloto no se lanzó en paracaídas. Nadie debe permanecer en el interior de un avión fuera de control por debajo de los 10.000 pies de altura.

¿Por qué esperas, muerte? Tengo el conocimiento, estoy seguro y convencido de que me estrellaré contra la Tierra dentro de algunas milésimas de segundo. Mi cuerpo se tensa para recibir el impacto. En realidad, no estoy preparado para morir, pero ahora eso ya no importa. Me sorprende, me asusta y me interesa salir al encuentro de la muerte. La espera del choque es insoportable.

Y de pronto nuevamente estoy vivo. El avión comienza a elevarse. Estoy vivo.

El altímetro pasa los 6.000 pies y continúa ascendiendo con rapidez. Subo los frenos de velocidad. Palanca de gases a fondo. Me estoy elevando. Nivelo las alas y, a una velocidad segura de 350 nudos, el resplandor disminuye en intensidad. El acelerómetro indica que alcancé siete y medio G durante la recuperación del picado. No sentí ni uno solo de ellos, a pesar de que mi traje-G (mi anti-G) no estaba conectado.

—Jefe Rojo, aquí Dos. He tenido pequeñas dificultades para regresar a los 10.000 pies de altura.

—¿Diez mil pies?

—Así es. Nos encontraremos dentro de un minuto. Podemos reunirnos sobre el TACAN de Toul.

Es extraño. Estaba convencido de que iba a morir.

Los relampagueos en medio de las nubes negras al norte de Phalsbourg son ahora más frecuentes y sus fulgores van en sucesión. Corrijo 30 grados a la izquierda. Solo. Llega el momento en que la cabeza se llena de pensamientos torcidos. «Debes de estar loco para volar en un F-84F en medio de una tormenta.» Las palabras son mías, confirmadas además por otros pilotos a quienes las circunstancias los obligaron a enfrentarse a focos de tormenta similares en el mismo avión.

El avión, dicen, queda prácticamente fuera de control y, a pesar de las tranquilizadoras frases del manual del piloto, éste debe confiar solamente en la inercia de la nave para que lo saque hacia regiones más suaves y lo aparte del centro de la tormenta.

Sin embargo, todavía no tengo intención de penetrar en el interior de uno de esos monstruos chispeantes que surgen al frente. Y comprendo que mis palabras estaban equivocadas. Ahora me dirijo hacia las tormentas que interrumpen mi rumbo, basado en una cadena de pensamientos lógicos que cualquier piloto seguiría en circunstancias similares. El informe meteorológico se refirió a ellas como «dispersas», poco numerosas y discontinuas. Seguí volando. Existen por lo menos cuatro centros equipados de radar que son capaces de enviarme vectores a través de los peores núcleos de mal tiempo. Sigo volando. Un piloto de caza no se adelanta a los hechos ni toma decisiones fundamentándose en si-la-radio-dejara-de-funcionar. El riesgo de la misión tiene menos valor que el resultado de entregar la pesada bolsa con documentos que llevo en el espacio normalmente ocupado por las municiones.

Sin ser loco ni estúpido, me encuentro en el último eslabón de la cadena: esquivo las tormentas guiándome por las oscilaciones de la aguja del radiogoniómetro y por la luz de los relámpagos que detecto a través del parabrisas. El TACAN no se deja influir por el estado intranquilo de mi mente. Lo único que interesa en el mundo de su cerebro transistorizado es que nos hallamos a 061 millas de Phalsbourg, ligeramente desviados hacia la izquierda. El radiogoniómetro se ha vuelto loco y señala a la izquierda, a la derecha, arriba y abajo. Su pánico es desconcertante en medio de la fría y calculadora mente de los otros instrumentos. Mi guante derecho lo apaga y deja de funcionar. Las agujas se calman y, finalmente, se detienen, agradecidas por este sedante.

Un relámpago a la izquierda y cambio rumbo en 10 grados a la derecha. Un relámpago detrás del ala derecha y me olvido de él. Relámpago y relámpago, muy brillante y directamente al frente. El panel de instrumentos pierde su rostro y empalidece. Éste no se puede esquivar. Dispersas.

La tormenta, con una furia súbita, helada y enérgica, envuelve mi avión entre sus fauces y lo sacude con la misma violencia que un terrier sacude a una rata. El guante derecho permanece firme sobre la palanca de control. El panel de instrumentos se oscurece, alarmado. El horizonte artificial se balancea desde una inclinación de 30 grados a la izquierda hasta una inclinación de 60 grados a la derecha. Esto no es posible. Las tormentas sólo están formadas de aire.

El guante izquierdo impulsa la palanca de gases a fondo. Mi avión, como si avanzara a cámara lenta, se inclina pesadamente a la izquierda. Piso con fuerza el timón derecho. Es lo mismo que un aterrizaje de emergencia sobre un campo cubierto de rocas. Bandazo a la derecha. El avión es arrastrado y no podrá responder. Maldito timón izquierdo.

La potencia. ¿Dónde está la potencia? El guante izquierdo retrocede y avanza nuevamente, lo más profundamente que le es posible y con toda energía. La aguja del tacómetro se transforma en una línea borrosa. Con plena aceleración, y la potencia no pasa de 90% de rpm.

El avión se estremece. No logro escuchar el motor. La palanca de control y el timón son trozos inútiles de metal. No puedo controlar la nave. Pero la palanca de gases... la necesito. ¿Qué sucede?

Hielo. Las toberas de entrada se están congelando y al motor le falta aire. Veo que la tobera está recubierta de hielo grisáceo. Relámpago y relámpago, el rayo es como la serpiente brillante de un sol incandescente en la oscuridad. No puedo ver. Todo se ha vuelto rojo y ni siquiera alcanzo a vislumbrar el borroso panel. Siento la palanca de control y la palanca de gases que no puedo ver. Conduzco un avión en pleno vuelo y la tormenta lo está despedazando. Con tanta rapidez. Esto no puede durar. Las tormentas no son capaces de dañar a un avión de combate. Voy rumbo a Chaumont. La misión es importante.

A través de las sacudidas violentísimas de la tormenta, recupero la vista lentamente. El parabrisas está recubierto de una capa de hielo gris y por el fuego azul y brillante. Jamás había visto un fuego tan brillante ni tan azul. Mis alas están blancas. El peso del hielo me obliga a descender y la peor parte de una tormenta se encuentra a baja altura. Ya no puedo soportar más estos bandazos. Alas blancas cubiertas de una mortaja. El guante derecho se aferra a la palanca de control y esto es lo que ha mantenido a mi avión en el aire durante seis años. Pero, esta noche, el avión avanza con mucha lentitud y no responde, como si, de pronto, se sintiera cansado y sin deseos de vivir. Como si el motor estuviera detenido.

La tormenta es un caballo salvaje del desierto que, súbitamente, descubre que lleva un monstruo sobre el lomo. Trata desesperadamente de librarse de mí y lanza golpes con tanta rapidez que no pueden verse. Aprendo algo nuevo. El asiento eyectable no es siempre una forma de escapar. Si me lanzo fuera del avión en medio de esta tormenta, sería tan fatal como estrellarse contra el suelo, ya que las turbulencias convertirían a mi paracaídas en unos harapos de nailon entrelazados. Mi avión y yo hemos permanecido mucho tiempo juntos y ahora seguiremos juntos. Esta decisión atornilla el asiento eyectable al suelo de la cabina. El Thunderstreak y yo nos zambulliremos en un cielo despedazado como una sola alma moribunda.

Mi brazo pesa y se siente agotado sobre la palanca de control. Me gustaría descansar. Escucho un rugido en los oídos y siento que la tierra dura se ensancha frente a mí y viene a mi encuentro.

De manera que así es como terminará todo. Con un avión que se estremece y un panel de instrumentos imposible de interpretar; con un motor lento y las alas blancas y pesadas. Nuevamente esa sensación: en realidad, no estoy preparado para terminar el juego. Me he dicho que este día llegará inexorablemente, igual que la Tierra que se me aproxima y, sin embargo, rápidamente, pienso en un futuro perdido. No se puede evitar. Caigo en medio de la violencia de una tormenta con un control de mando que no es un control de mando. Soy una hoja en la tormenta, una gota en el huracán a punto de convertirme en una sola cosa con el mar, un montón de escombros, una preocupación para los controles de tráfico y para la policía aérea y la gendarmería y los fiscales y los investigadores de accidentes y las estadísticas y los periodistas y la plana de oficiales y el comandante y el comandante de escuadrón y el pequeño círculo de amigos. Soy un alfil aplastado contra su rectángulo y apartado del tablero de ajedrez.

Mañana por la mañana ya no habrá tormenta y saldrá el sol, que se reflejará sobre los restos de metal que fueron el Reactor de la Fuerza Aérea Dos Nueve Cuatro Cero Cinco.

Pero en este instante se desarrolla una tormenta pesada, con la dureza del acero que me estremece y me aplasta hacia abajo, fuera del cielo. Y lo que sigue a este instante es otro igual.

El altímetro no es más que un borrón, lo mismo sucede con el indicador de velocidad, con el de velocidad vertical, con el girodireccional, que es sólo una línea oscilante y luminosa que no responde a mis órdenes. En cada momento, lo mismo que antes, mi cuerpo está tenso y espera. Habrá un impacto, la oscuridad y el silencio. En el fondo de mi mente, detrás del temor tranquilo, se anida la curiosidad y la paciente espera. Y el orgullo. Soy piloto. Y seré piloto nuevamente.

El terrier suelta por fin a la rata.

La atmósfera se calma súbitamente, como una nube de humo. El altímetro marca tres mil pies; la velocidad es de ciento noventa nudos, la velocidad vertical de cuatrocientos pies por minuto en descenso, el indicador de posición señala inclinación fuerte a la derecha, girodireccional uno siete cero grados, tacómetro 83% de rpm con plena aceleración. Nivelo las alas blancas. El aire es tibio. *Tamtam-tam,* desde el motor cuando el hielo se desprende de las toberas de admisión y pasa por las hojas del compresor, triturándose. Amplias láminas de hielo se desprenden de las alas. El parabrisas se ha despejado hasta la mitad. En el cristal, el fuego azul se debilita. La potencia empieza a crecer: 90% en el tacómetro... *tam...* 91%... *tam-tam...* 96%. La velocidad aumenta a los 240 nudos. Viro a la izquierda. Asciendo. Quinientos pies por minuto, 700 pies por minuto. El altímetro marca los 3.000 pies y me elevo y estoy desviado del rumbo en 50 grados y no me importa el indicador de posición que señala un giro ascendente hacia la izquierda. Estoy vivo la presión del aceite normal presión hidráulica normal y no puedo creerlo voltímetro e indicador de carga del acumulador normales palanca de control suave y firme es extraño estar vivo parabrisas despejado 99% rpm indicador de temperatura de gases de escape en el color verde. ¡Cuidado, relámpago, relámpago a la izquierda, cuidado! Vira fuerte a la derecha jamás podré soportar otra tormenta esta noche olvídate del plan de vuelo desvíate a la derecha de Phalsbourg 15.000 pies 320 nudos relámpago a la izquierda y detrás, débil, y extrañamente brotan las palabras de una antigua canción de los pilotos: «... porque yo aún soy demasiado joven para morir...». Es maravilloso sentirse con vida. He aprendido una vez más.

Las revoluciones por minuto suben al 100%. Continúo ascendiendo y a los 20.000 pies persiste el nivel de los relámpagos y también a los 21.000. El fuego azul lava el parabrisas, como si no supiera que un parabrisas es sólo una colección de trozos de cristal rotos.

Qué idea tan ridícula. Un parabrisas es un parabrisas. Una pieza sólida de cristal de seis capas que protege del viento, de la lluvia, del hielo y se puede mirar a través de él y sirve para enfocar el visor. Miraré a través de los parabrisas durante mucho tiempo todavía.

¿Por qué no salté en paracaídas? Porque el asiento estaba atornillado al suelo de la cabina. No. Porque decidí no saltar en medio de la tormenta. Debería haber saltado. Definitivamente, debería haber abandonado el avión. Es mejor arriesgarse a descender violentamente con un paracaídas roto que enfrentarse a la muerte segura al estrellarse contra tierra. Al menos, debería haberme librado de los depósitos externos. Eso habría aligerado la nave y aumentado la facilidad de control. Ahora, cuando me encuentro a 32.000 pies de altura, pienso en dejar caer los depósitos. Eso se llama rapidez de pensamiento.

Relámpago.

Salí de la tormenta y eso es lo que deseaba. Me alegro de no haber soltado los depósitos; me habría visto obligado a escribir informes y a dar explicaciones. Esta noche, cuando baje de mi avión, sólo tendré un comentario para llenar en la Hoja n.º 1: el transmisor y receptor UHF falló durante el vuelo nocturno. Seré la única persona que sepa que la Fuerza Aérea de Estados Unidos en Europa estuvo a punto de perder un avión.

Relámpago, relámpago. Al frente.

Por esta noche ya he tenido bastante de vuelos en medio de tormentas. Acelero al 100% y tomo altura.

Durante el resto del viaje, volaré sobre el mal tiempo; esta noche, por encima de las tormentas que cubren Phalsbourg, habrá un tramposo que se burle del Sistema de Control de Tráfico Aéreo europeo. El tramposo se lo ha ganado.

6

Las personas en tierra que operan el Sistema de Control de Tráfico Aéreo son muy importantes, pero no indispensables. El sistema, aun cuando es eficiente, no es un sistema indispensable. Los aviones han existido desde mucho antes que apareciera el primer síntoma de control de tráfico aéreo y seguirán volando, incluso en el caso de que todo este sistema desapareciera súbitamente.

Cuando se establecieron los reglamentos aéreos, estaba presente un hombre muy inteligente que previó la existencia de los tramposos ocasionales y prefirió darles cierta elasticidad a las normas. Yo sigo al mando de mi avión y lo dirigiré a donde me parezca mejor, con sistema o sin él. He decidido no enfrentarme a otra tormenta. Asciendo a mayor altura que la definida para mi vuelo, de 33.000 pies, en busca de una atmósfera suave y tranquila por encima de las nubes. Estoy cruzando altitudes que pueden haber sido destinadas a otros aviones y surge la probabilidad de una colisión en pleno vuelo.

Sin embargo, esta probabilidad es casi inexistente. Me he salido de la ruta; para que nos estrellemos, el otro avión tiene que haberse desviado en la misma y exacta dirección en la cual me encuentro en estos momentos.

A pesar de que no me he comunicado con una estación de tierra desde hace bastante tiempo, ellos no me han olvidado. Soy un plan de vuelo escrito en una hoja de papel en cada estación a lo largo de mi ruta. A muchos otros aviones se les habrá informado de mi rumbo y de la hora aproximada en que pasaré sobre estas estaciones.

En las pantallas de radar, soy un pequeño punto de un cuarto de pulgada y los encargados de control detectarán a los otros aviones que me rodean.

La razón más importante por la cual no voy a chocar con otro avión es que mi Thunderstreak tiene 43 pies y 3 pulgadas de largo, su envergadura de alas es de 33 pies y 6 pulgadas y vuela en un bloque de aire formado por mil millas cúbicas de espacio. Por lo tanto, no dudo en ascender.

Mi hora de aproximación a Chaumont se mantendrá abierta durante treinta minutos más allá de la estimación de llegada. Localizo el familiar canal 55 en el TACAN y escucho la identificación. Chaumont. Jamás me habría imaginado que un pueblecito francés pudiera tener un sentido hogareño para mí. El punto está en 239 grados y la distancia es de 093 millas. Phalsbourg se aleja de mí hacia la izquierda y por detrás. Mi obligación habría sido dar parte de mi posición a la frontera francesa y a Phalsbourg. Pero el tramposo se está colando entre el sistema.

A los treinta y ocho mil pies de altura todavía no salgo de las nubes. El fuego azul ha desaparecido. El combustible ha disminuido hasta las 2.700 libras y, con este peso, el techo adecuado para mi nave sería de 43.000 pies. Es muy raro que, sobre Europa, las nubes sobrepasen los 43.000 pies. Pero esto no me inquieta. Mi atención está totalmente dirigida a los instrumentos que tengo al frente. Sin el aparato de radio, ahora no existe otro mundo.

Los pilotos antiguos hablan acerca de los días en que al mal tiempo se le hacía frente sólo con una aguja flotante y alcohol. La única ayuda que disponían para volar entre las nubes era un indicador de bastón y bola y una brújula magnética. Pero ahora estamos en una era moderna y, esta noche, dispongo de siete instrumentos en el centro del panel y la navegación queda solucionada minuto a minuto por los dos relojes del TACAN.

Si llegara a fallar el invertidor, que transforma la energía DC del generador en AC, los instrumentos giroscópicos, el indicador de posición y el de rumbo quedarían lentamente fuera de servicio. Pero el F-84F es un avión norteamericano y, por lo tanto, cuenta con sistemas de seguridad para los sistemas de seguridad. En este caso, el factor de seguridad se llama invertidor alternativo de instrumentos, siempre atento a entrar en acción si fallan el invertidor principal y el generador impulsado por el motor. Si dejan de funcionar ambos invertidores, debo retornar a aquellos años en que los aviones de combate se guiaban por la aguja flotante y alcohol.

Al pasar los 40.000 pies, el avión se estremece levemente y las alas comienzan a balancearse. No hay relámpagos. Paseo la mirada por el parabrisas en busca de hielo. No puedo llevar hielo y seguir elevándome. El parabrisas está despejado.

Sin advertencia ninguna y en absoluto silencio, como un juego de magia, la nube ha desaparecido. Hace un segundo buscaba hielo y ahora miro a través del cristal, como un elegante y fino arco gótico de acero, hacia los centenares de kilómetros de aire cristalino, limitado 20.000 pies más abajo por las irritadas nubes. La sensación es de vértigo, lo mismo que si me encontrara de pronto ante un abismo oculto y mis pies ya no tocaran el suelo. El guante derecho se tensa sobre la palanca de control.

He salido de un muro de nubes que ahora se aleja velozmente hacia tierra, igual que las montañas al sur de Strasbourg, que caen hasta los pies del valle del Rin. El gigantesco muro se abre en un arco hacia la izquierda y hacia la derecha y, aquí y allá, las tormentas lanzan sus fulgores.

Soy una motilla de polvo impulsada por una brisa de aire. Hacia el Norte, a 270 kilómetros, el muro presenta una ligera elevación en la cual penetré hace ya algún tiempo. Pero este conocimiento de nada me sirve, ya que, a la luz de las estrellas, me doy cuenta de que lo único real en el mundo es la asombrosa masa de nubes que rodea a mi avión de 13 metros de longitud. La tierra no existe y no hay resplandor de las luces de la ciudad que logre atravesar ese suelo de nubes. De horizonte a horizonte, no se vislumbra otra luz de navegación. Me encuentro solo, con la compañía de miles de estrellas.

Apoyo el casco contra el respaldo del asiento eyectable y, una vez más, observo el cielo. Su color no es azul, ni púrpura, ni negro. Es una pradera de carbón polvoriento, un lecho para las estrellas. Y todo esto me rodea.

Reduzco potencia para tranquilizar el motor. El guante derecho se estira hacia las tres perillas que controlan la luz roja del interior de la cabina y mi propio y pequeño mundo rojizo se desvanece en la pradera.

La mota de polvo regresa suavemente hasta los 33.000 pies y su voz no es más que un susurro frente a las dimensiones de la noche.

Soy un hombre. Esta noche, quizá, soy el Hombre vivo que observo mi galaxia desde mi planeta y, por el lapso de unos segundos, cristalizo en mi persona los siglos de observación que el Hombre ha realizado desde esta pequeña Tierra.

Nosotros, los hombres, tenemos mucho en común.

Esta noche, yo, que amo mi avión con todos sus caprichos, dificultades y alegrías, observo las estrellas. Y esta noche, 20 minutos hacia el Este, otro piloto, otro hombre que ama su avión, también observa estas mismas estrellas. Estos símbolos.

Mi avión tiene pintada una estrella blanca; el suyo, una estrella roja. Es oscura y la pintura se nota con dificultad. En el interior de su cabina se despliegan los mismos instrumentos de vuelo, los instrumentos del motor y los mismos paneles de control de la radio que en mi cabina. En su nave, tanto como en la mía, cuando se mueve la palanca de control hacia la izquierda, el avión se inclina hacia ese lado.

Sin lugar a dudas, sé que me agradaría ese hombre. Durante toda la larga noche podríamos charlar sobre los aviones que conocemos, los instantes de temor y los lugares en que hemos estado. Nos reiríamos juntos de los errores cometidos cuando éramos novatos del aire. Él y yo hemos compartido muchas cosas, demasiadas como para que nos ordenen matarnos el uno al otro.

Yo recibí el entrenamiento de vuelo en una base cercana a Dallas. Él lo recibió en una base cercana a Stalingrado. Mis instructores de vuelo me gritaron en inglés, a él le gritaron en ruso. Pero el fuego azul aparece ocasionalmente y juguetea sobre su parabrisas, lo mismo que sobre el mío; y el hielo cubre y se despedaza sobre sus alas, igual que sobre las mías. Y en alguna parte de su cabina hay un panel de control, o un panel de cierre de circuitos, o un simple conmutador que, para alcanzarlo, casi hay que ponerse de cabeza. Quizás, en estos instantes, su hija duda entre aceptar o no una pareja de gatos siameses. Cuidado con las cortinas, amigo.

Me gustaría advertirle sobre el peligro de esos gatitos.

Noventa kilómetros me separan de Chaumont. Noventa kilómetros y ese Espejo Traslúcido de nubes y lluvias me separan del «Hola, muchacho, ¿qué tal fue la travesía?» Noventa kilómetros son un largo y extenso camino.

Sobre las nubes tengo una radio que no funciona. El problema no es grave, pero lo suficiente como para que mi atención se distraiga de esa pacífica pradera oscura y vuelva a la tarea de regresar con mi avión a tierra. Hundo la palanca de gases, siempre a 33.000 pies, y nuevamente se escucha el rugido, los gemidos, los chirridos y lamentos de este payaso de acero.

Sin radio. Puedo volar hacia el Oeste, buscar un hueco entre las nubes, descender, regresar a Chaumont y aterrizar. Este plan no es muy adecuado para el combustible que queda en los depósitos y para las vaguedades del clima francés.

Puedo volar en un circuito triangular hacia la izquierda, con rectas de un minuto cada una. Después de un cierto número de circuitos de esta naturaleza, algún centro de radar captará mi rumbo y su dirección, enviará un interceptador y descenderé en vuelo instrumental como un compañero de escuadrilla. El plan es drástico y debo recordarlo para un caso de emergencia, como último recurso.

Puedo descender hacia Chaumont con la ayuda del radar, tal como he programado, y esperar que las condiciones climáticas no sean tan malas como para necesitar de la Aproximación Controlada a Tierra para encontrar la pista de aterrizaje. En el último informe, el tiempo no era tan malo. Si no logro desprenderme de las turbulencias antes de llegar, a la altura mínima de funcionamiento del TACAN, ascenderé nuevamente e intentaré descender en mi punto alternativo, la Base Aérea de Étain, diez minutos al Norte. Me queda justo combustible para este programa y debo seguirlo. Sólo a modo de curiosidad, trataré de hacer funcionar la radio nuevamente cuando me encuentre sobre Chaumont. Uno nunca sabe lo que puede suceder con una radio UHF.

Setenta kilómetros. Cinco minutos. Y a casa. Pero faltan muchos meses para regresar a ese hogar donde esperan la esposa y una hija y donde todos los habitantes de las ciudades hablan inglés.

El diario mural del cuartel de pilotos de Chaumont es una masa de recortes de periódicos procedentes de ese otro Hogar más antiguo. En este diario se escriben acusaciones y defensas acerca de la justificación de la medida de reincorporar la Guardia cuando no hay una guerra que la haga necesaria. Se reciben cartas a los editores por parte de las esposas, familias y empleadores, en las cuales se hacen preguntas y se ofrecen soluciones. En los periódicos se hace referencia a las pésimas condiciones en que estamos obligados a vivir, se escribe sobre nuestros esfuerzos y dificultades, sobre el estado de nuestra moral. Describen una situación bastante fría. Sin embargo, nuestro grupo no es tan frío.

Tuve que dejar un trabajo civil interesante. Me dedicaba a volar en pequeñas avionetas y a escribir para una revista especializada en aeronáutica. Se me ordenó volver a la Fuerza Aérea. Ciertamente me sentí destrozado. No obstante, este país al cual tanto debo nunca me había necesitado antes. Me sentiría más feliz en la libertad de mi anterior trabajo, pero mi país se acercó terriblemente a la declaración de una guerra y el plan definido fue el adecuado. El reintegro a las filas demostró que la Guardia Nacional no está compuesta por pilotos que sólo se dedican a una vida deportiva a costa del Gobierno. Anidé esta sensación algunas veces, con cierta culpabilidad, mientras pasaba agradables fines de semana pilotando aviones militares por 80 dólares cada fin de semana.

Mi escuadrón cruzó el Atlántico en tres etapas. La travesía se realizó sin reabastecimiento de combustible en vuelo, sin las estaciones adecuadas de navegación aérea que cubrieran la ruta, sin un incidente. Un mes después de haber sido llamados al servicio activo, aterrizamos en la Base Aérea de Chaumont, emprendiendo vuelo cada vez que el techo sobrepasaba los 500 pies.

Los pilotos de transporte con sus gigantescos aparatos acarrearon centenares de toneladas de equipos, alimentos, recambios y pertrechos. Asistimos a las conferencias dictadas por los pilotos de la OTAN sobre el extraño y desconocido mundo del control de tráfico aéreo europeo. Los especialistas en municiones desembalaron cajas de balas de ametralladora calibre 50, bultos y bultos de artefactos de alto poder explosivo de color oliva y con una franja amarilla, grandes depósitos alargados de napalm y cientos de cohetes estilizados y sin pintar. Se nos definieron las zonas de combate y conocimos al ejército que debíamos proteger. Hicimos prácticas de alerta que comenzaron con un caos, pasaron luego a un cierto orden confuso y, finalmente, llegaron a ser rápidas y eficientes.

A pesar de las quejas que se publican en la forma adecuada y, a pesar de que la crisis a causa de la cual nos llamaron ya dejó de existir, cumplimos la tarea que se nos encomendó. Llegamos a Francia con todos nuestros pilotos y todos nuestros aviones. Actualmente los pilotos de Alerta juegan bridge, ajedrez o ping-pong, junto al teléfono rojo.

Pero esto ha tenido su coste. Hasta la fecha, nuestra eficiencia ha costado la vida a Don Slack y las banderas aún flamean a media asta.

Para nosotros, los que volamos en los F-84F, la movilización es un largo fin de semana constituido por las obligaciones de la Guardia Aérea. En las ciudades la gente habla un idioma diferente, y existen centinelas y cercas de alambre de púas que circundan las líneas de vuelo. Sin embargo, nosotros volamos entre amigos (excepto uno), en los mismos aviones (excepto uno) que siempre hemos pilotado, y la vida que llevamos no justifica ninguna reclamación (excepto una). Volamos en el cielo de Francia, que es muy similar al cielo de nuestro país. Su viento, la lluvia, el sol y las estrellas. Este cielo es una especie de hogar propio y, durante las horas que vuelo, no echo de menos el otro hogar al otro lado del mar. Sí echo de menos a Don Slack.

Las estrellas brillan continuamente en la oscuridad de su pradera, que es parte de mi mundo. Por un momento, pienso en todo cuanto se ha dicho sobre las maravillas de esta catedral de aire. Un millón de palabras, escritas o habladas, transformadas en fotografías en las cuales las personas que vuelan corren el riesgo de la maldición del sentimiento, esa maldición mortal, esa tentación de contar lo que ven. El encanto no se rinde al papel, a la tinta ni a las sílabas, ni siquiera al papel sensibilizado de la fotografía, pero el riesgo mismo que corren las personas frente a la maldición es testigo de por sí de la visión y del estado de ánimo que esperan al hombre que viaja en este mundo de las alturas. Nube, estrella, arco de color, son sólo palabras que deben enterrarse cuidadosamente en una fosa superficial de cubierta corrosible. Por último, a este cielo únicamente se lo puede llamar un lugar interesante. Mi querido cielo.

La gruesa aguja del TACAN vacila, el tambor de medición de distancia marca 006, y ha llegado el momento de poner en marcha mis planes.

Inicio el viraje a la izquierda que da comienzo al circuito de espera. Mi guante derecho enciende a media intensidad los reóstatos de la luz de la cabina, bañándose en una luminosidad rojiza y suave. El dial del IFF pasa a la Forma Tres, Código 70. En estos momentos, yo debo constituir un punto esperado e identificado en la pantalla de radar de Chaumont. Aprieto con fuerza el botón del micrófono, disminuyo potencia, aplico los frenos de velocidad y puedo escuchar el zumbido del aire al chocar contra su superficie en los costados del avión.

—Control de aproximación de Chaumont, Reactor Cuatro Cero Cinco, estación TACAN, pide información sobre el estado del tiempo en Chaumont.

Oigo una interferencia. Es un buen síntoma. Pero no hay respuesta.

Continúo en el circuito de vuelo, reviso los descongeladores y conecto el sistema Pitot, al mismo tiempo que compruebo rápidamente la penetración: dirección 047 grados en dirección al circuito de espera, descenso en giro a la izquierda para enfilar 197 grados, nivelar a 3.500 pies y recto hacia la entrada de 12 millas.

Mantengo la nave a 20.000 pies, la potencia en el 85% de rpm y mi mente se prepara para el descenso.

Cielos cubiertos a novecientos pies, visibilidad de cinco millas bajo lluvia fina, altímetro dos nueve ocho cinco.

Jamás había visto una radio tan caprichosa. Pulso enérgicamente el botón de plástico.

—Aproximación Chaumont, Cero Cinco abandona nivel de vuelo Dos Cero Cero en estos instantes, solicita frecuencia para GCA.

Adelanto la palanca de control, morro abajo y paso por los 19.000 pies, los 18.000 pies, los 17.000 pies, manteniendo una velocidad de 350 nudos.

... cinco, su frecuencia de radar será tres cuatro cuatro punto seis, canal local uno cinco.

—Entendido. Aproximación, dejo su frecuencia.

Mientras inclino el ala hacia la izquierda, cambio el selector de canales a uno cinco. Y vuelvo a los instrumentos. Cuidado con el vértigo. «Penetró ladeado en una nube de tormenta y salió volando en invertido.»

Pero esto no me va a suceder a mí, y menos esta noche; he pasado por cosas peores que el vértigo y se me han advertido con anterioridad.

—Radar Chaumont, Reactor Cuatro Cero Cinco, cómo se recibe en canal uno cinco.

Sigue una pausa, con el tiempo suficiente como para dudar de esta maldita radio.

—Cinco por cinco, Cero Cinco, ¿cómo recibe usted?

De manera que la radio mejora cuanto más desciendo.

Esto es interesante.

—Cinco por cinco.

—Entendido, Cero Cinco, le tenemos en contacto positivo de radar a uno ocho millas al norte de Chaumont. Continúe hacia la izquierda uno tres cinco grados, nivele a dos mil quinientos pies. Esto será una aproximación de precisión a la pista uno nueve; longitud del punto de contacto ochocientos cincuenta pies, ancho de ciento cincuenta pies, elevación de punto de contacto mil setenta y cinco pies. Si pierde comunicación con el GCA durante un minuto en el circuito de vuelo, o treinta segundos en la aproximación final...

Me dejo llevar, agradecido por estos detalles tan conocidos. Continúo el viraje, bajo un poco más el morro, incremento ligeramente la velocidad de descenso, reviso las pantallas del motor, desconecto el compresor neumático, oxígeno al 100%, instrumentos del motor todos en verde, cierro nuevamente el mosquetón del anillo-D del parabrisas. Mi pequeño mundo desciende obedientemente cuando lo dirijo. Me concentro en los instrumentos y no me doy cuenta cuando penetro otra vez en las nubes.

La voz no se detiene y me conduce a través de la oscuridad con la seguridad de una voz que ha realizado esto mismo multitud de veces. El hombre tras esa voz es un soldado a quien sólo me dirijo por asuntos oficiales. Pero ahora me entrego junto con mi avión a esa voz y su rango se convierte en algo que hay que dejar para los momentos de pomposidad. Pulso el botón del micrófono.

—Cero Cinco ya está nivelado...

Nada. No estoy transmitiendo. El botón del micrófono se hunde enérgicamente en su pequeña moldura bajo mi dedo pulgar izquierdo.

—Cero Cinco está nivelado, dos mil quinientos pies, rumbo uno tres cinco grados.

Bajo los flaps. La velocidad disminuye a 220 nudos. El guante izquierdo se apoya en la limpia superficie de plástico de la manilla del tren de aterrizaje. Un movimiento mecánico: se tira de la manilla un cuarto de pulgada y luego se hunde unas seis pulgadas. Cuando la manilla cae en la ranura, las ruedas altas y duras de mi avión salen de sus pozos ocultos y, con un estremecimiento, presionan sobre las nubes. En el extremo izquierdo del panel de instrucciones se encienden tres luces verdes. Adelanto el conmutador de los frenos de velocidad.

—Cero Cinco tiene tres verdes, presión y frenos.

Doy unos suaves golpes a los frenos.

—Entendido, Cero Cinco, ahora se encuentra a uno cero millas de contacto, revise su tren de aterrizaje, la torre le ha autorizado aterrizaje final. Cambie rumbo a uno siete cinco. Mantenga esta frecuencia para el control final.

En el interior de la cabina pintada a cuadros rojos y blancos, azotada por la lluvia, que corresponde a la Aproximación Controlada a Tierra, construida junto a la única pista de Chaumont, el control de localización mira a su compañero, enmarcado por la luz verde y tenue de su propia pantalla de radar.

—Es todo tuyo, Tommy.

Tommy asiente.

—Reactor Cero Cinco, éste es su control final, ¿cómo me oye?

Ya sabe que lo oigo perfectamente bien. El procedimiento es parte de un ritual que se practica desde hace mucho tiempo.

—Cero Cinco lo oye cinco por cinco.

Interiormente repito con él las próximas palabras, cuya obligación aparece en el reglamento de su cargo de Control de Aproximación Final del GCA.

—Entendido, Cero Cinco —repetimos—. No es necesario que responda a las próximas transmisiones; sin embargo, habrá interrupciones en la transmisión durante la aproximación final que serán identificadas.

El combustible, según el destacado marcador a bordo, ha descendido por debajo de las 2.000 libras. Con el peso actual de mi avión, debería realizar la aproximación final a una velocidad de 165 nudos.

—Repito, la torre le ha autorizado aterrizaje final...

Cuando me encuentro bajo la dirección de un buen operador de GCA, podría estar perfectamente sobre la pista destinada a aparcamiento, a punto de apagar el motor, ya que el aterrizaje es absolutamente seguro y cierto.

... está a treinta segundos de la senda de planes, corrigiendo de izquierda a derecha en la línea central. Cambie rumbo a uno ocho cero. Uno ocho cero. Interrumpo transmisión.

Levanta su pie del pedal del micrófono que se halla en el suelo, bajo la pantalla, y me da algunos segundos para hablar. No tengo nada que decir para llenar este silencio y su pie vuelve a caer sobre el pedal.

—Uno cero ocho lo llevará hasta el centro de la línea, ligeramente desviado de izquierda a derecha. Tiene diez segundos para la senda de planeo. Vire a uno siete nueve. Uno siete nueve...

Esto constituye un cumplido para mí. Las correcciones de un grado son ínfimas, de gran precisión, y requieren un control suave del avión por parte del piloto. Estas correcciones de un grado sólo las he escuchado en vuelos con atmósfera tranquila, sólo cuando he volado muy bien. Sonrío bajo la máscara de oxígeno. Debería haberme visto treinta minutos antes.

—En la senda de planeo, comience el descenso. Le sugiero un régimen de descenso inicial de setecientos cincuenta pies por minuto...

¿Qué otra cosa puede ser tan simple como la aproximación a la pista por medio del GCA con mal tiempo? Existen los mecanismos del Sistema de Aterrizaje Instrumental para lograr el mismo objetivo, pero el ILS no es humano. Técnicamente la aproximación por medio del U-S es más precisa que con el GCA, pero en condiciones de mal tiempo prefieren contar con la presencia de un buen técnico tras un buen radar. Mi dedo pulgar izquierdo suelta la palanca dentada que hace surgir los frenos de velocidad. Inclino el morro y, mientras lo hago, visualizo la extensa pendiente del invisible plano inclinado que tengo frente a mí. La aguja del indicador de régimen de descenso marca los 1.000 pies por minuto en su escala; luego se mueve hasta los 800 pies por minuto.

—Excelente entrada en la senda de planeo... sobre la línea central... ahora se desvía ligeramente hacia la izquierda; cambie dirección de avance a uno ocho tres grados, uno ocho tres. Sobre la senda de planeo...

La velocidad es de 170 nudos; toco ligeramente la palanca de gases y vuelvo a disminuir. Velocidad de 168 nudos. Adelante y atrás nuevamente. Velocidad 165.

—Se encuentra a cinco pies por debajo de la senda de planeo. Corrija levemente su régimen de descenso... sobre la línea central... interrumpo transmisión.

Tiro suavemente de la palanca de control y luego la inclino una vez más.

—Arriba y en la senda de planeo, continúe con el régimen normal de descenso. Sobre la línea central... sobre la senda de planeo... sobre la línea central... excelente régimen de descenso...

Apostaría que, en algunas ocasiones; los operadores de GCA se quedan sin palabras para transmitir. Pero su obligación es mantener una información constante para la nave en su aproximación final. Este hombre debe de llevar una vida bastante aburrida. Sin embargo, aburrida o no, estoy feliz de escuchar su voz.

—Sobre la senda de planeo... está efectuando un magnífico trabajo, teniente... sobre la línea central desde la torre me informan que ya están preparados...

¿Cómo sabe que soy teniente? Podría tratarse de un mayor, o de un coronel que, aprovechando las condiciones de mal clima, está comprobando el funcionamiento y trabajo de los operadores de GCA. Pero yo no lo soy. Sólo soy un hombre feliz de haberse librado de la tormenta y agradecido de escuchar nuevamente una voz por la radio que se mantuvo en silencio durante tanto tiempo.

—... se encuentra a dos millas de contacto con tierra, sobre la senda de planeo, desviado diez pies a la izquierda de la línea central, vire a rumbo uno ocho cuatro grados... uno ocho cuatro. Sobre la senda de planeo y corrigiendo hacia la línea central... uno ocho cuatro... se encuentra a una milla y media del punto de contacto...

Alzo la vista y, súbitamente, me doy cuenta de que llevo varios segundos fuera de las nubes. Al frente se destacan con toda nitidez las luces rojas y verdes y las filas gemelas de luces blancas de la pista. Disminuyo potencia una mínima fracción.

—... a una milla del punto de contacto, se encuentra diez pies por debajo de la senda de planeo...

Vaya, aquí lo tenemos. Yo lo sé, y también el operador del control final. Cuando tengo la pista de aterrizaje a la vista, me salgo ligeramente de la senda de descenso, un poco por debajo de ella. Si me dejo guiar totalmente por sus instrucciones en estos momentos, haría contacto a 600 pies dentro de la pista, y estos 600 pies podría necesitarlos. En caso de que falle el paracaídas de freno y con la pista humedecida por la lluvia, requeriría, normalmente, 2.000 pies más para lograr detener mi nave. Y dejando fuera el paracaídas de freno y también al avión, desde cadete aprendí a recitar los tres factores más importantes que todo piloto debe tener en cuenta: la pista de aterrizaje siempre atrás, la altura por encima y una décima de segundo de atraso.

Aun cuando la voz del operador de GCA me sigue llegando en un segundo plano, ahora vuelo con la ayuda de un solo instrumento: la pista. Enciendo las luces. El guante izquierdo se adelanta y baja una pequeña palanca. Las dos poderosas columnas de luz blanca avanzan desde debajo de mis alas y me iluminan un brillante sendero entre las gotas de lluvia.

—... a un cuarto de milla del contacto con tierra se encuentra treinta pies por debajo de la senda de planeo, eleve su avión..

Preferiría que ahora se quedara callado. Necesito su voz durante el mal tiempo, pero, en estos momentos, cuando tengo la pista frente a mis ojos, no tiene por qué decirme cómo debo aterrizar. Las columnas de luz resbalan velozmente sobre el hormigón blanco y las luces rojas y verdes pasan raudas por debajo.

—... treinta y cinco pies por debajo de la senda de planeo. Muy bajo para un aterrizaje seguro. Eleve su avión...

Calla, GCA. Deberías tener más sentido común cuando me encuentro a punto de entrar en contacto con tierra. Uno de los dos debe quedar contento; yo, si aterrizo en los primeros centenares de pies de la pista, o tú, si pierdo los primeros 600 pies de la pista cubierta de humedad. Tiro de la palanca de control, palanca de gases a su posición neutral, palanca de control hacia atrás, un poco más de alerón izquierdo... tanteo la pista con mis sensibles ruedas. Abajo otro pie, unas pocas pulgadas más. Vamos, pista.

Las duras gomas tocan la áspera superficie de hormigón. El contacto no fue tan suave como habría deseado, pero tampoco estuvo tan mal; avanzo la palanca de control para que el tren delantero haga gemir su rueda de 14 pulgadas bajo el peso de 19.000 libras de avión: el guante derecho sujeta la manecilla de la palanca de expulsión del paracaídas de freno y tira de él. El guante no se aparta de la manecilla, por si es necesario expulsar el paracaídas, en caso de que el viento lateral me desvíe de la pista. Me siento impulsado sobre el arnés, suavemente, debido a la apertura silenciosa de la cúpula de 16 pies del paracaídas que nos frena desde la cola. Meto los frenos de velocidad, subo los flaps y las botas se retiran cuidadosamente de los frenos. El paracaídas me detendrá incluso antes de que me encuentre preparado para ello. Debo apartarme de la pista de aterrizaje antes de soltar el paracaídas de frenado; si me detengo antes y me veo obligado a rodar hasta el punto de salida de la pista, tendré que aplicar casi toda la potencia del motor para avanzar a dos millas por hora. Este paracaídas de frenado es muy efectivo.

Avanzamos suavemente hasta el final de la pista y, sin necesidad de frenar, hasta debo agregar un poco de motor para dar la vuelta. La bota pisa el pedal izquierdo y giramos. Mientras observo sobre mi hombro, empujo y retuerzo el manillar del paracaídas de frenado. La cúpula blanca desaparece y mi avión rueda con mayor facilidad por la pista lateral.

El guante izquierdo tira hacia atrás de la manilla de cierre de la cúpula, el guante derecho empuja el marco y abre mi pequeño mundo, sobre mi cabeza. Las gotas de lluvia me dan en el rostro, por encima de la verde máscara de oxígeno. La lluvia es fría y familiar y me siento feliz con su contacto. Apago y reincorporo las luces de aterrizaje, enciendo las luces de rodaje, suelto el broche de seguridad del asiento eyectable conectado al traje-G y lo pongo en su lugar en el brazo de la butaca; cambio la radio UHF a la frecuencia de la torre de control.

—Torre Chaumont, Reactor Cuatro Cero Cinco sale de la pista de aterrizaje, rueda al hangar del escuadrón.

—Cero Cinco, pista de rodaje despejada junto a la pista paralela. No obtuvimos información sobre hora estimada de su llegada a Chaumont. ¿Algún problema durante la ruta?

Al parecer, la torre tiene deseos de charlar esta noche.

—Sí, torre. Pequeños problemas con la radio.

—Bien, Cero Cinco. Corto y fuera.

—Entendido.

El guante derecho, mientras avanzo entre las filas de luces azules de rodaje, presiona el broche al costado de mi máscara. Me impulsa el suspiro suave del motor, que gira a un 50% de sus rpm. Mi avión y yo nos balanceamos juntos al girar a la derecha, ascendemos una ligera pendiente y nos dejamos conducir por un camión, con la palabra «Sígame», que apareció de pronto desde la oscuridad.

Por encima de esta lluvia y de las nubes que le dan origen, existe un mundo que sólo pertenece a los pilotos. Y esta noche, durante unos momentos, nos perteneció a mí y a mi avión y, al otro extremo de su dimensión, hacia el Este, perteneció también a otro piloto y a otro avión. Esta noche compartimos el cielo y, quizás, incluso en estos mismos instantes, está saboreando las frías gotas de lluvia, mientras rueda por una pista que es tanto un objetivo en los archivos de mi servicio de inteligencia como la Base Aérea de Chaumont lo es para el suyo.

Bajo la lluvia comprendo que, aun cuando esta noche sólo estuvimos él y yo en nuestros aviones, mañana habrá otro de Nosotros y otro de Ellos. Una vez que termine de desempeñar mi pequeño papel y vuelva a Estados Unidos como piloto de la Guardia Aérea Nacional en Nueva Jersey, alguien seguirá volando en la noche europea en un avión con la estrella blanca y otro en el avión con la estrella roja. Sólo cambian los rostros en el interior de las cabinas.

Si se compartiera el trabajo, se compartiera la dedicación, se compartiera el peligro y el triunfo, se compartiera la alegría, se compartiera el amor, se forjaría un lazo no sujeto a cambios. Yo me marcharé de Europa para regresar a Estados Unidos; él se marchará de Europa para regresar a Rusia. Los rostros cambian, pero el lazo permanece.

Piso con fuerza el pedal de freno derecho, giro en redondo sobre el hormigón de la rampa de aparcamiento y el morro queda apuntando hacia la pista de rodaje y la pista principal. Apago la luz de rodaje, espero que la tripulación de tierra del camión «Sígame» deslice los tacos de madera bajo las ruedas del tren de aterrizaje.

Mi distante amigo, espero que tengas el suficiente sentido y la orientación necesaria para mantenerte alejado de las tormentas.

Retraso rápidamente la palanca de gases. El fiel bufón de acero muere con un largo suspiro decreciente y lanza hacia la noche su última onda de calor. Duerme bien.

Doy unas suaves palmadas en el costado del fuselaje.

—¡Tiempo! —grita el Jefe de tripulación de tierra.

Miro mi reloj. La turbina y el compresor tardaron 61 segundos en apagar su suspiro. Para los hombres del equipo de mantenimiento, ésta es una información importante y anoto el tiempo en la Hoja n.º 1.

Apago el invertidor, el combustible, la radio UHF y, finalmente, el acumulador. En la noche se escucha un último y pesado clic, cuando mi guante baja la palanca del acumulador y mi avión queda total y completamente quieto.

Con la ayuda de mi linterna de servicio, escribo en

el formulario que el transmisor y receptor de UHF funcionó mal sobre los 20.000 pies de altura. No hay espacio para anotar el hecho de que la Fuerza Aérea tiene suerte, ya que este avión regresó sano y salvo. Anoto los 45 minutos de mal tiempo nocturno, una hora de noche, una penetración de TACAN, un GCA, un aterrizaje con paracaídas de frenado. Firmo el formulario, desabrocho el cinturón de seguridad y el arnés y el equipo de primeros auxilios, desconecto el traje-G, la manguera del oxígeno, el cable del micrófono y la suave correa de la barbilla.

Se acerca una camioneta azul de la Fuerza Aérea, salpicando luz sobre mi rueda delantera del tren de aterrizaje y bajan la bolsa que descansaba sobre las ametralladoras.

Dejo el casco blanco sobre el arco de la cúpula, frente a mí, y, con las piernas entumecidas, bajo por la escalerilla amarilla, abandonando ese pequeño mundo que amo. Firmo un papel y la camioneta me deja solo en la oscuridad. Con el casco en la mano y la bufanda al viento nuevamente, regreso a la tierra de mi base aérea en Francia, junto a otros mil civiles de uniforme y con otros 31... no, con otros 30... pilotos.

Mi avión está en silencio y, por un momento, como si todavía fuera un extranjero, como si todavía fuera un ser ajeno a la Tierra, vuelvo a casa.

Glosario

Acelerómetro: instrumento que mide el número de unidades G a que está sometido un avión. Una unidad G equivale a la aceleración de la gravedad medida al nivel del mar, es decir, 9,81 m/segl.

Acondicionador del armamento: en el F-84F, una unidad que mantiene las ametralladoras a la temperatura adecuada y en condiciones de disparar cuando se vuela a una altitud elevada o con temperaturas muy bajas.

Aerofrenos: también llamados frenos de velocidad. Son un par de placas metálicas, largas y perforadas, que van adosadas al fuselaje, en su parte inferior y a la altura de las alas.

Álabe de la turbina: pieza metálica montada en el rotor de la turbina que, debido a su diseño, al recibir el aire de impacto de los gases de salida hace girar el eje del motor, y por consiguiente el rotor del compresor.

Alabear: movimiento del avión alrededor de su eje longitudinal, hacia derecha o izquierda, que se consigue mediante el accionamiento de los alerones. El giro completo del avión en alabeo en uno u otro sentido se llama «tonel».

Alerones: superficies de mando situadas cerca del extremo de las alas que se accionan por medio de la palanca de control y que sirven para inclinar el avión hacia derecha o izquierda, o para hacerla girar totalmente en torno de su eje longitudinal.

Altímetro: es un instrumento de presión que mide la altura a la que se encuentra un avión con respecto a una superficie de referencia, generalmente el nivel del mar.

Artillería: en argot, el armamento fijo del avión, en este caso las ametralladoras del mismo.

ATO (despegue asistido): para los despegues en pistas cortas o con elevada carga, se pueden adherir al fuselaje del F-84F hasta cuatro cohetes eyectables. Cada uno de ellos dispone de un motor de 14 segundos de duración y 1.000 libras de empuje.

Barrera antiaérea: fuego antiaéreo disparado por el armamento terrestre. Además de los disparos de la artillería antiaérea, AAA, realizados con armas de tiro tenso especialmente diseñadas para este propósito, puede constar de disparo de misiles antiaéreos SAM. También se pueden incluir en este mismo concepto los disparos realizados con este fin por cualquier arma terrestre.

BOQ (Bachelors Officer's Quarters): Pabellón de Oficiales. Edificio de residencia de los pilotos de un escuadrón dentro de la base aérea.

Botón compensador: botón de varias posiciones instalado en la parte superior de la palanca de control, que permite aliviar las presiones de los mandos de vuelo de forma que el control sea más suave.

Clavijas para averías durante el combate: en el

F-84F comprende un juego de cuatro clavijas que cierran el paso de combustible desde los distintos depósitos, evitando la pérdida del mismo en el caso de que un depósito resulte dañado durante el combate.

COC (Combat Operations Center): Centro de Operaciones de Combate. Es el centro neurálgico de una base aérea desde el cual se coordinan y controlan las operaciones de combate.

Compresor neumático: compresor instalado en el interior del fuselaje que sirve para recargar el acumulador de aire a presión usado para la puesta en marcha del motor.

Cúpula del radar: es la cubierta de fibra de vidrio que protege las antenas del radar localizadas en el morro de los interceptadores todo tiempo del sistema de defensa aérea.

Depósitos exteriores: cualquier carga que se instala en las estaciones existentes debajo de las alas: bombas, lanzadores de cohetes, depósitos de combustible eyectables o armas nucleares.

Depósitos eyectables: son los depósitos de combustible que van bajo las alas con el fin de incrementar el radio de acción de un avión. Pueden desprenderse a voluntad durante el vuelo para disminuir el peso y la resistencia al avance una vez consumidos o para aligerar al avión al entrar en combate.

Depresión: es el ángulo, medido en milésimas, por el cual se baja la imagen de la mirilla con el objeto de ajustarla a las trayectorias de las diferentes armas del avión de combate: bombas y cohetes. Las ametralladoras requieren normalmente un ángulo de depresión de 0 milésimas.

Espera (circuito de): maniobra predeterminada, en forma de hipódromo, que mantiene a una aeronave dentro de un espacio aéreo especificado mientras espera una autorización ulterior. Siempre se encuentra antes de iniciar las penetraciones instrumentales en una pista.

Estabilador: es una mezcla de dos palabras: «estabilizador» y «elevador». Se refiere al timón de profundidad del F-84F, que es de una sola pieza. Está conectado a la palanca de control de la cabina del piloto y establece la posición de ascenso o descenso del avión.

Flaps: son unas superficies extensibles metálicas instaladas en el borde de salida de las alas, cercanas al fuselaje, que sirven para aumentar la superficie de sustentación del avión cuando éste vuela a baja velocidad.

Flujos de aire: corrientes de aire que se producen a lo largo de la estructura de un avión por su movimiento de avance. El paso de dichas corrientes por las alas ocasiona, debido a su diseño, una diferencia de presión entre la parte superior e inferior de las mismas, lo que produce la sustentación aerodinámica, que es lo que hace volar una aeronave.

Formación en ala: es una formación cerrada de vuelo en la que los aviones se despliegan en una línea de unos 120 grados, a derecha o izquierda, con respecto a la dirección de avance. Es típica para entradas en inicial y rotura, bien a la pista para el circuito de aterrizaje o bien al polígono de prácticas aire-suelo para el circuito de tiro.

Fuselaje: es el «cuerpo» de un avión, al que están adheridas las alas y la cola.

GCA (Ground Controlled Approach): Aproximación controlada desde tierra. Aproximación de precisión para el aterrizaje controlada desde tierra mediante equipo de radar de aproximación. Utilizada generalmente en malas condiciones meteorológicas.

Guiño: movimiento de izquierda a derecha de un avión respecto de su eje vertical.

IFF (Identification Friend or Foe): Sistema de identificación amigo o enemigo. Se trata de un equipo electrónico instalado en un avión que emite una señal codificada como respuesta a las «interrogaciones» efectuadas por el equipo del radar de tierra. Este sistema ofrece al radar secundario de GCA una capacidad que permite que el avión sea seguido fácilmente a través de interferencias de tierra y/o precipitación. Además, proporciona un medio positivo de identificación del avión para el controlador del radar, ya sea el de tráfico aéreo como el de la artillería antiaérea.

ILS (Instrumental Landing System): Sistema de aterrizaje instrumental de precisión. Se realiza con las señales de ruta y senda de planeo que emite el equipo de tierra y que son mostradas al piloto por los indicadores de cabina, fundamentalmente el indicador de desviación de ruta, CDI.

Indicador de posición: también llamado «horizonte artificial». Es un instrumento que consta de una superficie estabilizada giroscópicamente que permanece paralela al horizonte terrestre proporcionando al piloto información en todo momento de la posición del mismo con respecto a la aeronave. Cuenta con un pequeño avión miniatura que duplica los movimientos y posiciones del avión respecto del horizonte terrestre.

Indicador de velocidad: también llamado anemómetro, es un instrumento de presión dinámica que mide la velocidad relativa del avión con respecto a la masa de aire en la que se encuentra; por ello se llama «velocidad del aire», para distinguirla de la velocidad real sobre el suelo. Las velocidades suelen medirse en nudos o millas náuticas por hora.

Indicador de velocidad vertical: también llamado variómetro, mide el régimen de ascenso o descenso del avión en pies por minuto. Su margen de medida suele ir desde 0 en vuelo nivelado hasta 6.000 pies por minuto en los ascensos o descensos.

Invertidor: aparato eléctrico que convierte la corriente continua (DC) en corriente alterna (AC) para la operación de los instrumentos. El F-84 cuenta con un invertidor principal y otro de uso alternativo.

LABS (Low Altitude Bombing System): Sistema de Bombardeo a Baja Altura. Es un método de lanzamiento de artefactos nucleares.

Libra: unidad de medida equivalente a 453 gramos.

Mástil: es el componente principal del conjunto del ala o de la cola, y que sostiene la mayor parte de las cargas estructurales.

Medidor de carga: instrumento que mide el porcentaje de salida de corriente del generador.

Medidor de Mach: indicador que compara la velocidad del avión con la del sonido; Mach 1 es la velocidad del sonido. La velocidad máxima del F-84F es de aproximadamente Mach 1,18 (unos 1.440 km/hora).

Millas náuticas: unidad de medida que equivale a 1,853 kilómetros.

Nivel de vuelo: altitud calibrada mantenida con referencia a la presión estándar a nivel del mar; por ejemplo, una altitud de vuelo de 33.000 pies se expresa como «nivel de vuelo 330».

Nudo: millas náuticas por hora.

Ocho cubano: maniobra acrobática que consiste en una mezcla intermitente de medios rizos y toneles.

Palanca de control: palanca instalada en la cabina del piloto y que permite a éste el control de las superficies de mando del avión. Es el principal instrumento de vuelo. Inclinándola hacia delante o hacia atrás, el avión levanta el morro e inicia el ascenso, o pica e inicia el descenso. Inclinándola a derecha o izquierda, hace alabear el avión en esos sentidos, respectivamente.

Palanca de gases: palanca instalada en el lado izquierdo de la cabina, por medio de la cual el piloto controla el flujo de combustible y la potencia del motor.

Palanca de seguridad del visor: manilla situada bajo el visor que bloquea todas sus partes móviles, protegiéndolas de las sacudidas durante el rodaje, el despegue y el aterrizaje.

Pantallas del motor: pantallas de acero retráctiles instaladas en el interior de la tobera de admisión de aire del motor, en el morro del avión. Impiden la entrada de objetos extraños que puedan dañar al motor.

Paracaídas de frenado: paracaídas de nailon resistente que va instalado en la cola del F-84F. Cuando el piloto tira de la manilla del paracaídas de frenado, éste se abre para disminuir la velocidad del avión durante el aterrizaje, después de haber tocado tierra.

Penetración: maniobra de descenso instrumental que conduce a un avión desde gran altura hasta una posición cercana a la pista poco antes de tomar tierra, donde inicia la aproximación final.

Pie: medida inglesa utilizada en aviación para referirse a la altura. Equivale a 30,48 cm.

Pierna base o tramo base: en el aterrizaje o en una maniobra de ataque, es el circuito de vuelo que se sigue justo antes de la aproximación al campo o al lugar de disparo. Durante la «pierna base», la pista o el blanco se encuentran en ángulo recto en relación con el rumbo del avión. Se le suele llamar simplemente «base».

Piernógrafo: pequeña superficie de metal o lona que por medio de una banda elástica se sujeta al muslo del piloto cuando éste se encuentra sentado en la cabina. Sobre ella se lleva documentación relativa al vuelo a realizar, avión, etcétera, y papeles en blanco donde anotar las instrucciones de los controladores de tierra.

Pipper: punto luminoso central de una mirilla óptica que señala el lugar de convergencia de los proyectiles y los puntos de impacto de las bombas y cohetes.

Radio (equipo de): en el F-84F, radiorreceptor y transmisor de alta frecuencia (UHF) que se utiliza para las comunicaciones aire-tierra.

Radiogoniómetro: equipo de navegación basado en señales de radio, cuyo receptor está conectado a un indicador que generalmente señala las estaciones de transmisión de baja frecuencia y de navegación localizadas en tierra.

Rampa: área donde se aparcan los aviones.

Rpm: revoluciones por minuto, medidas entre 0 y 100% de la velocidad potencial de giro del motor del avión. La medición se lee en un tacómetro instalado en la cabina.

Servomotor: motor eléctrico que se controla desde la cabina y que ayuda al control del avión disminuyendo los esfuerzos necesarios para el mismo.

Sistema Pitot: sistema de medición de las presiones del aire, tanto estática como dinámica, para su utilización en el altímetro y en los indicadores de velocidad de avance y de velocidad vertical.

TACAN (Tactical Air Navigation): Navegación Aérea Táctica. Sistema de navegación de corto alcance que proporciona información continua y precisa de situación, en rumbo y distancia, de la estación. Utiliza señales de radio de ultraalta frecuencia (UHF). La distancia la proporciona el equipo de medición de distancia (Distance Measuring Equipment).

Termosondas: o termopares. Son una serie de terminales que miden la temperatura de los gases de escape de un motor a reacción.

Tijeras: en los combates aéreos se denomina así a una serie de giros violentos e inversiones de posición.

Traje-G: sería más adecuado llamarlo «traje anti-G». Está hecho con capas de nailon y goma inflable, que se llenan de aire durante los virajes con altos Ges y los ascensos violentos. Impiden que la sangre del piloto se desplace a sus extremidades inferiores, con la consiguiente pérdida de conciencia o pérdida momentánea de visión.

UHF (Ultra High Frequency): En radiocomunicaciones, frecuencia ultraalta.

Velocidad de comprobación: es una velocidad computada que se utiliza para determinar si un avión está acelerando adecuadamente durante la carrera de despegue. Si no se alcanza la velocidad de comprobación en una distancia determinada de la pista, se cancela el despegue.

Vértigo: es la confusión en el instinto de dirección del piloto cuando se vuela en instrumental.

Yo-yo: en el combate aéreo, se llama así a un ascenso brusco seguido de un picado. Con esta maniobra se cambia velocidad por altura, con el fin de obtener una posición de ataque más favorable.

TIPO DE NAVE y Nº	PILOTO	DESDE	HASTA
F-84 F 29405	BACH	WETHERSFIELD	CHAUMONT

ALTERNATIVA	DISTANCIA TOTAL	HORA DESPEGUE	TOTAL COMBUSTIBLE
ÉTAIN	573	2130	7400 #

RUTA (Puntos de Contacto)	NAV	IDENT / FREC	RPT	IDENT / FREC	CAB MAGNET	LEG / SALDO	ETE / EST TOTAL	ETA / ATA	VELOCIDAD	EST LEG / SALDO	COMBUSTIBLE DISPONIBLE
CLIMB F.L. 330		RADAR SOPLEY 339.1		ANGLIA CONTROL	165						
ABBEVILLE		AB 387			165	123 / 460	30 / 30			2600 / 4800	
LAON		LC 77		LC 344	120	72 / 378	9 / 39		465 TAS	440 / 4360	
FRANCIA / ALEMANIA		CONTROL RIN 341-4			084	50 / 328	7 / 46			350 / 4010	
SPANGDAHLEN		SPA 100		SPA 428	084	75 / 253	10 / 56			470 / 3540	
WIESBADEN		WAB 34·			093	65 / 188	9 / 1+05			440 / 3100	
ALEMANIA / FRANCIA					093	67 / 121	9 / 1+14			440 / 2600	
PHALSBOURG		PL 102		PL 486	210	26 / 95	3 / 1+17			140 / 2520	
CHAUMONT		CU 55		CU 515	249	95 / 0	12 /			550 / 1970	
						/	1+29			
ÉTAIN		ER 99			040	60 /	8 /			390 / 1580	

INFORME DE POSICIÓN						
IDENT	POSICIÓN	HORA	ALT	IFR (VFR)	EST PROX FIJO	NOMBRE DEL SIGUIENTE PILOTO INFORMANTE

AF FORMULARIO 21a JUNIO 58 PUEDEN USARSE EDICIONES ANTERIORES DE ESTE FORMULARIO

PLAN DE VUELO Y BITÁCORA DEL PILOTO